越玩越聪明的头脑体操

数独
从入门到精通

新手入门、解题方法详解、
聪明大脑训练之道

张佳音◎著

北京大学出版社
PEKING UNIVERSITY PRESS

内容提要

数独规则简单易学,闲暇时候玩上一局,轻松有趣,既能打发时间又能锻炼脑力,然而很多人数独的水平一直停留在初、中级,对于高级甚至顶级的数独总是望而却步。

本书从最简单的4×4迷你数独入手,循序渐进地介绍数独的解题思路与技巧,全书共分4章,分别为数独初探、数独技法、解谜思路、变种数独等,并附有练习题,能够帮助读者迅速从小白成长为高手,无论是高级还是顶级难度都可以轻松拿下,全方位锻炼大脑,提高逻辑思维能力。

本书可供益智游戏爱好者、数独爱好者,以及希望能在日常生活工作之余锻炼大脑、提高思维能力的人群阅读。

图书在版编目(CIP)数据

数独从入门到精通 / 张佳音著. — 北京:北京大学出版社,2017.5
ISBN 978-7-301-28192-5

Ⅰ. ①数… Ⅱ. ①张… Ⅲ. ①智力游戏 Ⅳ. ①G898.2

中国版本图书馆CIP数据核字(2017)第052608号

书　　　名:	数独从入门到精通
	SHUDU CONG RUMEN DAO JINGTONG
著作责任者:	张佳音　著
责任编辑:	尹　毅
标准书号:	ISBN 978-7-301-28192-5
出版发行:	北京大学出版社
地　　　址:	北京市海淀区成府路205号　100871
网　　　址:	http://www.pup.cn　新浪微博:@北京大学出版社
电子邮箱:	编辑部 pup7@pup.cn　总编室 pup@pup.cn
电　　　话:	邮购部 62752015　发行部 62750672　编辑部 62580653
印刷者:	河北博文科技印务有限公司
经销者:	新华书店
	880毫米×1230毫米　32开本　7.75印张　193千字
	2017年5月第1版　2025年7月第13次印刷
印　　　数:	27001—29000
定　　　价:	28.00元

未经许可,不得以任何方式复制或抄袭本书之部分或全部内容。
版权所有,侵权必究
举报电话:010-62752024　电子邮箱:fd@pup.cn
图书如有印装质量问题,请与出版部联系,电话:010-62756370

Preface 序言

一说起数字、逻辑，很多人第一时间就会联想到枯燥、乏味、刻板等词语，殊不知逻辑其实是非常有趣也非常有用的，而数独，就是将数字和逻辑结合到一起的一种游戏。它规则简单却又变幻无穷，除了标准数独，还衍生出了许多变种，有些简单有趣，有些复杂烧脑，但不管怎样，都能让你很快从现实的琐碎中随时脱离，在解开谜题之后还能获得极大的成就感。

早在 19 世纪，人们就对报纸角落里的数字游戏十分感兴趣，直到现在仍然是如此，相比动辄几百兆的大型游戏，数独游戏显得灵巧轻便，可以利用等车、坐地铁的碎片时间在手机上玩一局，甚至连手机都不需要，有一支铅笔就可以在随便什么纸的背后玩上一局。大型游戏中经常会有枯燥而杀时间的打怪升级的机制，为了游戏里的经验值一次又一次地重复操作某些步骤，乐趣是偶尔掉落的稀有宝物，有人厌烦有人喜欢。而我想说的其实是，数独也有类似的打怪升级的机制：一开始，你玩入门级的迷你数独，等到足够熟练了就可以玩标准数独，然后解谜的数独越来越短，你开始挑战中级、高级，循序渐进，终于成为一代高手。与此同时，专注力、逻辑思维能力、记忆力等都得到了提高，能收获在现实中真正有用的福利。数独游戏同样存在等级制，只有一级一级慢慢练上去，才能得到提高，获得成就感。

本书从数独的渊源讲起，介绍有关幻方的相关知识，然后循序渐进地介绍各种数独的解题技法。当然了，所有的招数都只是招数，就算全部背下来也未必能在实战中熟练运用，所以关键还是要不断地练习，经过自己的思考消化，将招式变成内功，达到见招拆招、无招胜有招的境界。

本书最后还讲解一些变异数独的例题，基本上都是在原有数独规则的基础之上再增加一些新的内容，达到变化形式、增加趣味性的目的，但总之万变不离其宗，掌握规则，认真思考，就一定能找出应对的方法。

在本书的编写过程中，我们竭尽所能地为您呈现最好、最全的实用功能，但仍难免有疏漏和不妥之处，敬请广大读者不吝指正。若您在学习过程中产生疑问或有任何建议，可以通过 E-mail 或 QQ 群与我们联系。

投稿信箱：pup7@pup.cn

读者信箱：2751801073@qq.com

读者交流群：558704870（ReadHome）

目录
Contents

第1章
数独初探 / 1

一、认识数独 / 1
练习题 / 3
二、数独的好处 / 3
练习题 / 6
三、数独的前身 / 6
1. 洛书 / 6
2. 幻方 / 10
3. 幻方游戏 / 20
练习题 / 21
四、数独的构成单元 / 25
1. 方格 / 25
2. 行、列和宫 / 26
3. 方格的编号 / 26
4. 标准数独的着色 / 27
练习题 / 28
五、数独的规则 / 29
练习题 / 32

六、数独的出题思路　　/ 33
　　练习题　　/ 35

七、小试牛刀之迷你数独　　/ 36
　　1. 4×4迷你数独　　/ 36
　　2. 6×6迷你数独　　/ 39
　　练习题　　/ 46

第2章
数独技法　　/ 52

一、初级技法——直观法　　/ 52
　　1. 唯一解法　　/ 52
　　2. 唯余解法　　/ 53
　　3. 基础摒除法　　/ 55
　　4. 撑点定位法　　/ 59
　　5. 区块摒除法　　/ 60
　　6. 单元摒除法　　/ 64
　　7. 矩形摒除法　　/ 66
　　8. 余数测试法　　/ 68
　　9. 逐行、逐列依次扫描法　　/ 71
　　练习题　　/ 73

二、中级技法——候选数法　　/ 80
　　1. 唯一候选数法　　/ 81
　　2. 隐性唯一候选数法　　/ 81
　　3. 显式数对法　　/ 82
　　4. 隐式数对法　　/ 83
　　5. 显式三数集法　　/ 85

6. 隐式三数集法　　　／86
   练习题　／87
三、高级技法——终级推理　　／89
   1. 二链匹配删减法　　／90
   2. *XY* 匹配删减法　　／91
   3. *XYZ* 匹配删减法　　／92
   4. *WXYZ* 匹配删减法　　／93
   5. 唯一矩形删减法　　／94
   6. 关键数删减法　　／95
   练习题　／97

第3章
解谜思路　／100

一、强弱链　／101
二、相对概率　／103
   练习题　／105

第4章
变异数独　／143

1. 杀手数独　／143
2. Mega 数独　／147
3. 连续数独　／148
4. 不连续数独　／149
5. 不等号数独　／150
6. 不规则数独　／151
7. 对角线数独　／152

8. 额外区域数独　　／153

9. 奇偶数独　　／153

10. 窗口数独　　／155

11. 无马数独　　／156

12. Multi 数独　　／157

练习题　／160

附录

本书练习题答案　　／**167**

第1章　数独初探　　／167

第2章　数独技法　　／181

第3章　解谜思路　　／194

第4章　变种数独　　／231

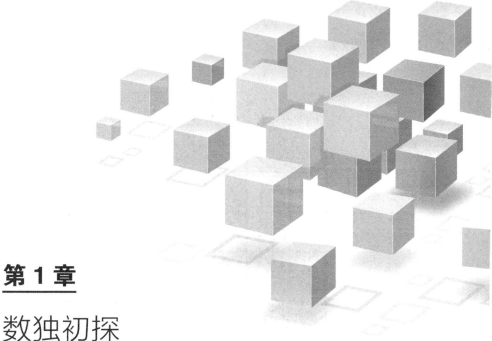

第 1 章
数独初探

一、认识数独

数独是一种逻辑性的数字填充游戏,玩家需要把数字 1 ~ 9 填入由 9 个 3×3 的方阵组成的 9×9 的方阵,并且保证每一行、每一列,以及每一个小方阵中均没有重复的数字。一般来说,数独的解是唯一的。也就是说,不管谜题是简单还是困难,只要有足够的耐心去尝试,就必定能解出正确答案。

下图为一个典型的数独谜题。

				7	5			1
7	1	2	9	6	3	4		5
2	5		6	9	1	8	3	
8	9	4	7		2	5	1	6
3	6	1	4	5	8	7		2
4	7	3	1		9	6	5	8
6	8							
1	2	5	3	8	6	9	4	7

正确答案如下图所示。

9	4	8	2	7	5	3	6	1
5	3	6	8	1	4	2	7	9
7	1	2	9	6	3	4	8	5
2	5	7	6	9	1	8	3	4
8	9	4	7	3	2	5	1	6
3	6	1	4	5	8	7	9	2
4	7	3	1	2	9	6	5	8
6	8	9	5	4	7	1	2	3
1	2	5	3	8	6	9	4	7

不难看出，这个数独中已知的数字比较多，根据规则，很多数字都能够一眼看出并且直接填入，需要逻辑判断的地方并不多，适合初学者练手。

下图为一个难度比较高的数独。

			2				6	9
								4
	5		2	7		4		
	6	8	9					
		1		8				2
			3				9	
4	3				7		8	
6								
	8				2			5

↑已知的数字明显变少，感觉不确定性大幅度增加。

练习题

1-1-1　尝试解一解上面的数独。

如果感觉一筹莫展，那也没有关系，耐心读完本书再回过头看，可能反而还要感叹："太简单了，一点挑战性都没有！"

二、数独的好处

经常玩数独，不仅可以排解压力，打发时间，还能够锻炼大脑，使人获益良多。它适合所有年龄的人。小朋友们可能更愿意玩迷你数独，成年人估计比较喜欢玩标准数独，并且致力于挑战高级难度。当然了，数独也非常适合当作亲子游戏，家长和孩子一起玩，可以锻炼孩子的专注力并且培养逻辑思维能力。

数独游戏带来平静和秩序感。不管你的生活是多么忙碌，数独游戏可以让你得以从那些琐碎的、令人烦躁的日常生活中抽身出来，透口气，获得片刻宁静。很多人都将玩一盘数独列为每天必做的事情之一，正是因为数独能让他们摒除杂念全心投入，解开一个谜题花不了太多的时间，但是这种思维的切换，包括解开数独之后带来的成就感，都足以让人觉得"焕然一新"。

数独游戏能够使大脑保持活力。任天堂出过一系列的脑力锻炼游戏，包括形状记忆、比大小、顺序排列等小游戏，并且声称只要每天练习，就可以使大脑保持年轻和活跃，避免老化或者记忆衰退。相比这些小游戏，数独显得更富"含金量"，数独能够同时锻炼观察能力、逻辑推理能力，并且还需要有足够的耐心和细致，可以说是一个全方位提升大脑能力的小游戏。

随时随地都可以来上一局数独。你不需要随身带着游戏机，也不用纠结手机的电量是不是足够支撑到下午，只要你觉得疲惫或烦躁，就可以趁着喝咖啡的时间来上那么一盘数独。你所需要的，只不过是一张纸和一支笔，不用了解什么复杂的数学知识，也不需要什么额外的语言，甚至就连阿拉伯数字都不必须认得，因为数独上的数字没有运算价值，仅仅代表相互区分的不同个体，用汉字、罗马数字甚至不同的图形符号也是一样的，并不影响解题的思路，无非就是"穿了个马甲"的效果。

中文汉字型，如下图所示。

	肆			陆				伍
					叁			
			柒	玖	贰			
贰				肆	柒			
壹	柒	陆	伍	捌	叁	肆	玖	贰
叁						柒		捌
		贰	肆			壹	陆	
	玖		贰			伍	叁	肆
				柒	伍			

↑看着很新鲜然而换汤不换药

罗马数字型，如下图所示。

			II			VI	IX	
								IV
V	II	VII	IV					
	VI	VIII	IX					
		I	VIII					II
			III			IX		
IV	III				VII			
VI								
		VIII			II		V	

↑另一种形式的换汤不换药

图形符号型，如下图所示。

↑还是换汤不换药

当然了，解这样一个数独谜题，若非记忆力超群，最好还是做一个这样的对照表：

1	2	3	4	5	6	7	8	9
△	☆	☀	♣	♀	✡	✻	⊙	◇

练习题

1-2-1　尝试解一解上面的那几个数独。

三、数独的前身

1. 洛书

尽管数独的名称来自日语的すどく（sudoku），但事实上，很难明确指出数独游戏究竟起源于何时何地，有说是出自18世纪末的瑞士，也有说是源于我国。相比之下，可能我更愿意相信数独是由我们的祖先发明出来的，或者，是一个美丽的巧合。

为什么这么说呢？让我们再来看一看上面的“变异”数独，如果我们像还没有学会阿拉伯数字的古人那样，用点的数量来表示数字，空心表示奇数、实心表示偶数，如下图所示。

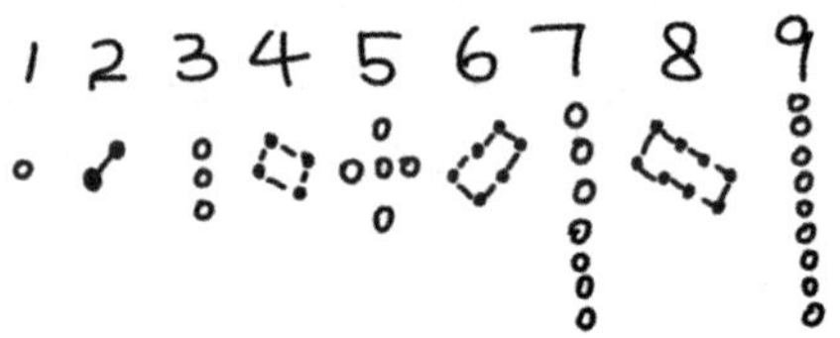

| 第 1 章 | 数独初探 |

那么我们将得到一个散发着古老气息的，感觉好像在哪里看到过一样的数独，如下图所示。

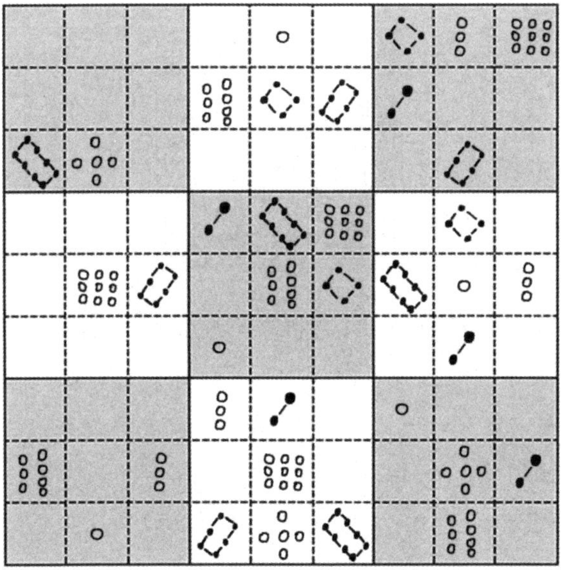

没错，这和我们古老的洛书非常相似，如下图所示。

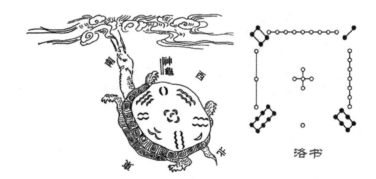

相传大禹在治水的时候，在洛水边发现一只神龟，龟背上刻有图案，也就是所谓的“洛书”。将洛书简化一下，我们可以得到一个 3×3 的方阵，如下图所示。

4	9	2
3	5	7
8	1	6

宋朝数学家杨辉所著《续古摘奇算经》中，将洛书称为纵横图，并且总结出其中的数字规律为：“九子斜排，上下对易，左右相更，四维逝出，戴九履一，左三右七，二四为肩，六八为足，五居其中。”前四句是排法口诀，后五句则是对洛书，也就是纵横图的一个描述。

九子斜排——将顺序排列的 3×3 方阵斜过来，如下图所示。

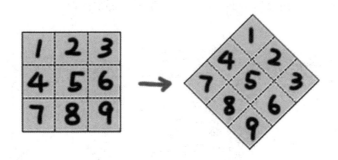

上下对易——把 1 和 9 的位置互换，如下图所示。

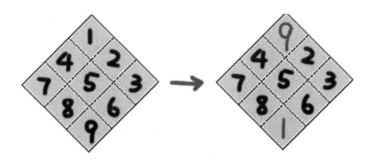

左右相更——把 7 和 3 的位置互换，如下图所示。

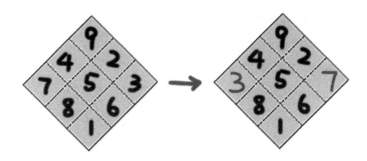

四维逝出——重新整理数字，使 2、4、6、8 成为顶点，如下图所示。

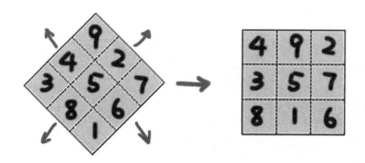

至此，我们便得到了"戴九履一，左三右七，二四为肩，六八为足，五居其中"的纵横图。纵横图有以下两个特性：

（1）不论纵、横、对角，每一行三个数相加之和都等于 15。

（2）位于中央的数字是 5，恰好是 15 的 1/3，也就是说，它刚好是所有数字的平均数。

2. 幻方

洛书和河图被誉为中华文明的源头，甚至有人说这是外星人遗留下来的，其中包含着宇宙的原理。今天我们抛开所有那些阴阳五行八卦等争议不谈，单说数字规律，洛书其实就是一个最基础的 3 阶幻方，同时也是唯一的一个 3 阶幻方。

幻方，在西方被称为 Magic Square。它是指在 $n \times n$ 的方阵中，放入 n^2 个连续自然数，并且能够使其各行、各列以及两条对角线上的数字之和刚好都一样，如下图所示。

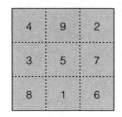

4	9	2
3	5	7
8	1	6

↑ 3 阶幻方

7	12	1	14
2	13	8	11
16	3	10	5
9	6	15	4

↑ 4 阶幻方

17	24	1	8	15
23	5	7	14	16
4	6	13	20	22
10	12	19	21	3
11	18	25	2	9

↑ 5 阶幻方

33	1	8	24	19	26
7	32	3	25	23	21
29	9	4	20	27	22
6	28	35	15	10	17
34	5	30	16	14	12
2	36	31	11	18	13

↑ 6 阶幻方

下面以 3 阶幻方为例进行讲解。

行：4+9+2=15　　　　3+5+7=15　　　8+1+6=15

列：4+3+8=15　　　　9+5+1=15　　　2+7+6=15

对角线：4+5+6=15　　2+5+8=15

这个数字 15 被称为"幻和"，它是一个固定的数字，意思是就起始数为 1 的常规幻方而言，所有 3 阶幻方的幻和都是 15，所有 4 阶幻方的幻和都是 34，所有 5 阶幻方的幻和都是 65 等。

幻方的阶越高，也就意味着存在的方案越多，并且增长的速度是非常惊人的。3 阶幻方有且仅有 1 个，4 阶幻方有 880 种不同的组合（通过旋转等方法得到的幻方不计）。5 阶幻方则已经有 275 305 224 种不同的组合，我国宋朝的大数学家杨辉曾在他的《续古摘奇算法书》里介绍过幻方的构造原理，可以说，中国是最早发现幻方规律的国家。

（1）奇阶幻方。奇阶幻方是指阶为奇数的幻方，如 3 阶幻方、5 阶幻方、7 阶幻方、9 阶幻方等。其中 3 阶幻方的构造法前面已经介绍过了，现在我们来看一看其他奇阶幻方是怎么构成的。以 5 阶幻方为例，为了便于说明，我们把幻方的行和列都编上号码，如下图所示。

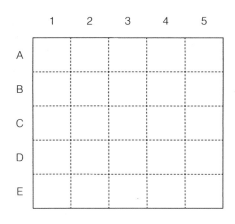

首先,把数字1放入第一行的中间位置,也就是A3格,如下图所示。

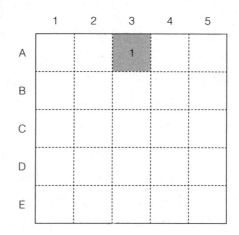

然后按照顺序,把下一个数放在它右上方的方格,我们会发现,数字2出界了。当上方出界的时候,则从下方的第一格重新开始。于是我们把数字2放入E4位置,如下图所示。

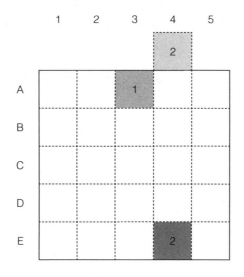

继续摆放数字,当右方出界的时候,则从左边的第一格重新开始,如下图所示。

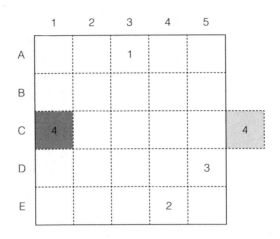

继续按照这个规律摆放数字,我们会发现,数字 6 将要放入的位置 A3 已经有数字 1 存在了,这个时候就需要后退一步,将这个数字放在上一个数字的正下方,也就是 C2 格,如下图所示。

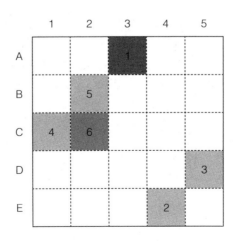

继续摆放数字，当遇到右上角顶点的时候，同样后退一步，将下一个数字放入上一个数字的正下方，如下图所示。

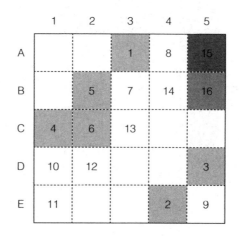

	1	2	3	4	5
A			1	8	15
B		5	7	14	16
C	4	6	13		
D	10	12			3
E	11			2	9

最终，我们能够得到一个完整的 5 阶幻方，如下图所示。

	1	2	3	4	5
A	17	24	1	8	15
B	23	5	7	14	16
C	4	6	13	20	22
D	10	12	19	21	3
E	11	18	25	2	9

至此，便是一个完整的构造 5 阶幻方的方法，我们称为连续摆数法，又称暹罗法。归纳连续摆数法的法则如下。

① 将 1 放入第一行的中间位置。

② 按照对角线方向，将下一个数字放入右上的方格。

③ 若出界，则从相反方向重新开始。

④ 若遇到顶点或方格已经填有数字，则将新的数字填入上一个数字的正下方。

连续摆数法是一个非常简单却有效的方法，适用于所有的奇阶幻方，并且起始数字 1 的位置可以随意，并不一定非要摆在第一行的中间不可。下一个数的摆放也可以采用完全相反的方向，不放在右上方而是放在左下方。因此我们可以构造出各种不同的奇阶幻方。构造奇阶幻方的方法也并非只有这一种，还有阶梯法、马步法等多种，由于篇幅所限本书不作过多介绍，读者可以自行查阅相关资料。

（2）双偶阶幻方。阶数为 4 的倍数的幻方，如 4 阶、8 阶、12 阶等幻方，我们称为双偶阶幻方。

下面介绍 4 阶幻方的构造。首先，把 1～16 的数字顺序排成方阵，如下图所示。

1	2	3	4
5	6	7	8
9	10	11	12
13	14	15	16

然后，只需把对角线上的数字交换位置，就可以得到一个四阶幻方，如下图所示。

1	2	3	4	→	16	2	3	13
5	6	7	8		5	11	10	8
9	10	11	12		9	7	6	12
13	14	15	16		4	14	15	1

这个方法叫作对角线代换法，它适用于所有的双偶阶幻方，只不过对于 8 阶及以上的幻方，我们需要将它们先分隔成 4×4 的小方阵，并且逐个画出对角线后代换。下面是一个 8 阶自然方阵，需要代换每一个小方阵的对角线上的数字，如下图所示。

1	2	3	4	5	6	7	8
9	10	11	12	13	14	15	16
17	18	19	20	21	22	23	24
25	26	27	28	29	30	31	32
33	34	35	36	37	38	39	40
41	42	43	44	45	46	47	48
49	50	51	52	53	54	55	56
57	58	59	60	61	62	63	64

由此可见，幻方的阶数越高，需要代换的数字也就越多。为了避免可能出现的混乱，可以使用下列公式来计算每一个需要代换的数字，即

$$y = (4m)^2 + 1 - x$$

其中，y 表示代换后的新数字；m 为幻方的阶数；x 为当前数字。

将上图中对角线上的数字全部代换过后，我们便可以得到一个 8 阶幻方，如下图所示。

64	2	3	61	60	6	7	57
9	55	54	12	13	51	50	16
17	47	46	20	21	43	42	24
40	26	27	37	36	30	31	33
32	34	35	29	28	38	39	25
41	23	22	44	45	19	18	48
49	15	14	52	53	11	10	56
8	58	59	5	4	62	63	1

同样，构造双偶阶幻方的方法也不止这一种，感兴趣的读者可以尝试去发现一下。

（3）单偶阶幻方。阶数是偶数，但是却不能被 4 整除的幻方，就是单偶阶幻方。相比奇阶幻方和双偶阶幻方，单偶阶幻方要显得稍微复杂一点。

不难发现，每一个单偶阶幻方都可以拆为 4 个 $n \times n$ 的方阵，并且 n 必然为奇数。因此，我们可以采用奇阶幻方来构成单偶阶幻方。以最简单的 6 阶幻方为例，首先使用唯一的 3 阶幻方，如下图所示。

4	9	2
3	5	7
8	1	6

将这个3阶幻方中的每一个数字分别加上 m^2，$2m^2$，$3m^2$，得到3个新的方阵。这里 m 仍旧表示阶数，因此取3，得出如下图所示的方阵，如下图所示。

4+9	9+9	2+9
3+9	5+9	7+9
8+9	1+9	6+9

4+18	9+18	2+18
3+18	5+18	7+18
8+18	1+18	6+18

4+27	9+27	2+27
3+27	5+27	7+27
8+27	1+27	6+27

连同之前的3阶幻方，我们可以得到一共4个 3×3 的方阵，将它们按顺序排列可以组合成一个 6×6 的方阵，如下图所示。

4	9	2	4+18	9+18	2+18
3	5	7	3+18	5+18	7+18
8	1	6	8+18	1+18	6+18
4+27	9+27	2+27	4+9	9+9	2+9
3+27	5+27	7+27	3+9	5+9	7+9
8+27	1+27	6+27	8+9	1+9	6+9

即：

4	9	2	22	27	20
3	5	7	21	23	25
8	1	6	26	19	24
31	36	29	13	18	11
30	32	34	12	14	16
35	28	33	17	10	15

然后只要将标示位置的数字上下对换，便可以得到一个 6 阶幻方了，如下图所示。

4	9	2	22	27	20
3	5	7	21	23	25
8	1	6	26	19	24
31	36	29	13	18	11
30	32	34	12	14	16
35	28	33	17	10	15

31	9	2	22	27	20
3	32	7	21	23	25
35	1	6	26	19	24
4	27	20	13	18	11
21	5	25	12	14	16
8	19	24	17	10	15

同样，这个方法适用于任何的单偶阶幻方，需要注意的是对换数字的位置是确定的，分别为第三和第四象限中左上和左下的 $k \times k$ 方阵、第三和第四象限正中一格向右 k 格、以及第一和第二象限内从右往左第 k-1 列起的 k 列（对于六阶幻方，k-1=0，故不交换）。

k 的数字则由幻方的阶数 m 确定，有 $4k+2=m$。对于 6 阶幻方而言，很容易就可以算出 $k=1$。

3. 幻方游戏

大多数幻方游戏采用的也是填空形式，即把数字抠掉几个让玩家来补，这一点和数独非常相似。下面是一个非常简单的 4 阶幻方谜题，要求填入 1~16 之间合适的数字，既不与已有数字重复，又能保证纵、横以及两个对角线上的数字相加之和均相同，如下图所示。

11	4	5	
		1	15
7		12	2
6	9		

在学习了上面的幻方的基本特性之后，解开这个谜题就变得相当简单。首先，4 阶基本幻方的幻和是一个固定的常数——34，因此我们可以很轻易地使用加减法，把相应的数字填入相应的位置，如下所示。

$$11 + 4 + 5 + ☆ = 34$$

$$7 + △ + 12 + 2 = 34$$

$$5 + 1 + 12 + ◇ = 34$$

11	4	5	☆
		1	15
7	△	12	2
6	9	◇	

11	4	5	14
		1	15
7	13	12	2
6	9	16	

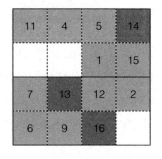

填入这3个数字之后，再用同样的方法算出剩余3个空格处的数字，幻方谜题就解开了，如下图所示。

11	4	5	14
10	8	1	15
7	13	12	2
6	9	16	3

当然了，以上只是相当初级的幻方谜题，如果要更进一步，也会有相对比较难的幻方谜题，不仅阶数增加了，不确定的数字也相对变多，这就需要我们熟记幻方的规律，仔细计算、排除，以获得正确答案。读者可以在稍后的练习中找到这些幻方谜题，并且尝试解答。

练习题

1-3-1　思考纵横图（洛书）还有哪些特点或规律？

1-3-2　将 2 ~ 49 的数字填入以下方格，使其每行、每列以及两条对角线上的数字之和均相同。

			1			

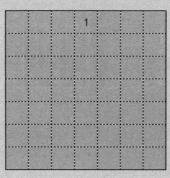

1-3-3　将 1 ~ 144 的数字填入以下方格，使其每行、每列以及两条对角线上的数字之和均相同。

1-3-4　使用以下 5 阶幻方构建出一个 10 阶幻方，填入空格。

23	6	19	2	15
10	18	1	14	22
17	5	13	21	9
4	12	25	8	16
11	24	7	20	3

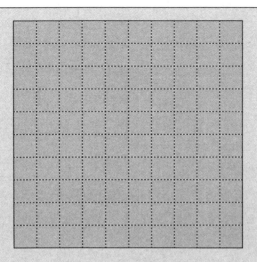

1-3-5 在空白处填入1~16之间合适的数字,既不与已有数字重复,又能保证纵、横以及两个对角线上的数字相加之和均相同。

		8	
10	16		7
6	4	13	11
15	5		

1-3-6 在空白处填入1~16之间合适的数字,既不与已有数字重复,又能保证纵、横以及两个对角线上的数字相加之和均相同。

		10	16
	14		3
	11	4	
2			9

1-3-7 在空白处填入1~16之间合适的数字,既不与已有数字重复,又能保证纵、横以及两个对角线上的数字相加之和均相同。

	15	8	
4		5	
		12	
		9	

1-3-8 在空白处填入1~25之间合适的数字,既不与已有数字重复,又能保证纵、横以及两个对角线上的数字相加之和均相同。

	20		13	6
		19		18
8	4	25	21	7
	15	10	1	
	23	9	16	12

1-3-9 在空白处填入1~25之间合适的数字,既不与已有数字重复,又能保证纵、横以及两个对角线上的数字相加之和均相同。

24		8		3
		21	15	19
11			10	7
17	18		2	
4	20		22	

1-3-10 在空白处填入 1~25 之间合适的数字，既不与已有数字重复，又能保证纵、横以及两个对角线上的数字相加之和均相同。

	11	7	17	
18		10		20
		25		
	16			21
3	22	4	23	

四、数独的构成单元

和幻方类似，数独也是一个 $n \times n$ 的方阵，通常情况下，$n=9$，也就是我们所说的标准数独。

1. 方格

方格是构成数独的最小单元，一个 9×9 的数独包含 81 个方格，如下图所示。

3	6	4	1	8	2	7	5	9
1	7	9	5	6	3	2	4	8
5	2	8	9	4	7	3	6	1
9	1	2	4	3	8	6	7	5
4	3	5	6	7	9	8	1	2
6	8	7	2	1	5	9	3	4
8	5	6	7	9	1	4	2	3
2	4	3	8	5	6	1	9	7
7	9	1	3	2	4	5	8	6

2. 行、列和宫

一个 9×9 的数独分别有 9 行和 9 列。并且可以切分为 9 个由 9 个方格组成的块，我们把这些 3×3 的块叫作“宫”，如下图所示。

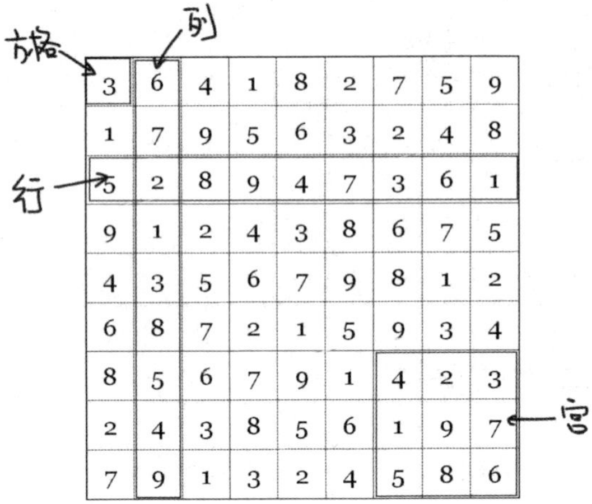

方格
列
行
宫
3 6 4 1 8 2 7 5 9
1 7 9 5 6 3 2 4 8
5 2 8 9 4 7 3 6 1
9 1 2 4 3 8 6 7 5
4 3 5 6 7 9 8 1 2
6 8 7 2 1 5 9 3 4
8 5 6 7 9 1 4 2 3
2 4 3 8 5 6 1 9 7
7 9 1 3 2 4 5 8 6

3. 方格的编号

为了便于说明，我们可以给每一个方格编号，如下图所示。

	1	2	3	4	5	6	7	8	9
A	3	6	4	1	8	2	7	5	9
B	1	7	9	5	6	3	2	4	8
C	5	2	8	9	4	7	3	6	1
D	9	1	2	4	3	8	6	7	5
E	4	3	5	6	7	9	8	1	2
F	6	8	7	2	1	5	9	3	4
G	8	5	6	7	9	1	4	2	3
H	2	4	3	8	5	6	1	9	7
I	7	9	1	3	2	4	5	8	6

▸ 26 ◂

这样我们可以用字母来表示对应的行，用数字来表示对应的列，并且用诸如 A1、B8 这样的标记来准确定位每一个方块。也有的书中会采用 R1 ~ R9 表示行（Row）、C1 ~ C9 表示列（Column），都一样，只是为了描述方便。

4. 标准数独的着色

我们可以采用粗实线来区分宫，或者用更为直接的着色方法来把数独切分成 9 个大块，如下图所示。

	1	2	3	4	5	6	7	8	9
A	3	6	4	1	8	2	7	5	9
B	1	7	9	5	6	3	2	4	8
C	5	2	8	9	4	7	3	6	1
D	9	1	2	4	3	8	6	7	5
E	4	3	5	6	7	9	8	1	2
F	6	8	7	2	1	5	9	3	4
G	8	5	6	7	9	1	4	2	3
H	2	4	3	8	5	6	1	9	7
I	7	9	1	3	2	4	5	8	6

至此，我们已经基本认识了数独，接下来就可以开始小试身手了。

练习题

1-4-1 下面是一个4×4的迷你数独,它由4个2×2的宫组成。试着为行和列编号并且用颜色区分各个宫。

3	1	4	2
4	2	3	1
2	3	1	4
1	4	2	3

1-4-2 下面是一个6×6的迷你数独,它由6个3×2的宫组成。试着为行和列编号并且用颜色区分各个宫。

1	3	4	2	5	6
2	6	5	3	1	4
4	5	6	1	3	2
3	1	2	4	6	5
5	2	1	6	4	3
6	4	3	5	2	1

五、数独的规则

如果读者认真阅读关于幻方那一节，可能会发现，对于幻方的规则了解得越是透彻，玩幻方填空游戏的时候就越是得心应手。数独也一样，本书中所有的数独技巧，全部都是由数独的规则推导衍生而来的，数独的规则非常简单，可以归纳成一句话，那就是：把数字 1 ~ 9 填入由 9 个 3 × 3 方阵组成的 9 × 9 方阵中的空白方格，使每一行、每一列，以及每一宫中均没有重复的数字。

不难发现，标准数独中，每一行有 9 个方格，每一列也有 9 个方格，每一宫还有 9 个方格，也就是说，如果要满足“每一行、每一列，以及每一宫中均没有重复的数字”的条件，那么每一行、每一列，以及每一宫都必须要用到 1 ~ 9 中全部的数字。

根据这个原则我们可以轻易地解开大部分的初级数独，例如：

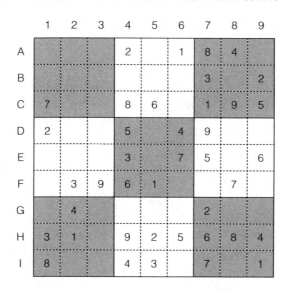

	1	2	3	4	5	6	7	8	9
A				2		1	8	4	
B							3		2
C	7			8	6		1	9	5
D	2			5		4	9		
E				3		7	5		6
F		3	9	6	1			7	
G		4					2		
H	3	1		9	2	5	6	8	4
I	8			4	3		7		1

观察第七列，可以发现只有数字 4 没有被用到，于是我们将其填入唯一的方格中，如下图所示。

	1	2	3	4	5	6	7	8	9
A				2		1	8	4	
B							3		2
C	7			8	6		1	9	5
D	2			5		4	9		
E				3		7	5		6
F		3	9	6	1		4	7	
G		4					2		
H	3	1		9	2	5	6	8	4
I	8			4	3		7		1

用同样方法可以确定H3的数字是7，B4和G4中的数字不是1就是7，让我们把这些数字也填入方块中，如下图所示。

	1	2	3	4	5	6	7	8	9
A				2		1	8	4	
B				1,7			3		2
C	7			8	6		1	9	5
D	2			5		4	9		
E				3		7	5		6
F		3	9	6	1		4	7	
G		4		1,7			2		
H	3	1	7	9	2	5	6	8	4
I	8			4	3		7		1

我们发现，B4 方格所在的宫中已经有数字 1 存在，也就是说，它只可能是数字 7，于是，我们也可以确定 G4 方格的数字是 1，如下图所示。

	1	2	3	4	5	6	7	8	9
A				2		1	8	4	
B				7			3		2
C	7			8	6		1	9	5
D	2			5		4	9		
E				3		7	5		6
F		3	9	6	1		4	7	
G		4		1			2		
H	3	1	7	9	2	5	6	8	4
I	8			4	3		7		1

就这样继续根据数独的规则来解谜，很快就可以填满所有的方格。这里所采用的方法，就是所谓 “直观法” 。直观法是数独中最基础、也是使用最频繁的方法。虽然简单，但是非常重要，能用直观法解决的，就不要采用其他方法。

直观法要求玩家足够仔细周到，同时考虑行、列还有宫，我们在第 2 章中会有详细的介绍。

练习题

1-5-1　继续解开上文中的数独。

	1	2	3	4	5	6	7	8	9
A				2		1	8	4	
B				7			3		2
C	7			8	6		1	9	5
D	2			5		4	9		
E				3		7	5		6
F		3	9	6	1		4	7	
G		4		1			2		
H	3	1		9	2	5	6	8	4
I	8			4	3		7		1

1-5-2　将 1 ~ 9 中的数字填入下列空白方格，使每一行、每一列以及每一宫中的数字均不重复。

	1	2	3	4	5	6	7	8	9
A	7				6	4			
B		8		7		1		5	
C		6		9			7	1	
D	5	4		1				6	2
E	2			4		5	3	9	1
F		9			3	6			
G	8	3	1			7		2	
H		2				8			
I	9	5		3	4	2		8	

六、数独的出题思路

有很多软件都可以生成数独谜题，但亲自出一道数独谜题是十分有趣并且也相当简单的，首先需要一个完全符合数独规则的方阵，也就是说，先要有答案，如下图所示。

	1	2	3	4	5	6	7	8	9
A	7	4	1	6	5	3	2	9	8
B	2	8	9	1	7	4	6	3	5
C	6	5	3	2	8	9	1	7	4
D	5	9	4	3	1	6	8	2	7
E	1	7	8	5	9	2	4	6	3
F	3	2	6	8	4	7	9	5	1
G	4	6	5	7	2	8	3	1	9
H	9	3	7	4	6	1	5	8	2
I	8	1	2	9	3	5	7	4	6

然后按照自己的喜好挖空若干个数字，便可以得到一个数独谜题，如下图所示。

	1	2	3	4	5	6	7	8	9
A			1			3	2	9	8
B			9		7	4		3	5
C	6	5	3	2	8		1	7	
D		9	4	3	1	6	8		7
E	1			5		2		6	
F	3		6		4			5	1
G				7	2	8	3	1	9
H	9		7	4	6			8	2
I			2			5		4	

挖空数字的时候，有一条原则就是挖除的数字要保证能够填回。所以并不是说随便删除哪个数字都可以，每删除一个已知数，都需要验证在当前情况下能不能用逻辑的解法将该数字填回，如果挖去某一个数字之后无法确定填回，那么这个数字就不能被挖去。否则题目将出现多解，也就意味着失格。

这种方法也就是目前使用得比较多的手工数独出题方法之一，称为挖洞法。在使用挖洞法出题的过程中，需要不停地验证和逆推，对于巩固数独规则是非常有帮助的。

常见的数独谜题的已知数通常为 20 ~ 40 个，人们总会觉得题面中已知数的多少直接关系着数独谜题的难度，但事实并非如此，比如下面两个数独谜题（见下图）的难易程度就刚好与已知数的多少相反，读者可以尝试验证一下是否确实如此。

	1	2	3	4	5	6	7	8	9
A		8	1				9	6	
B	7			4		6			5
C	9			8		3			2
D		4	2				3	1	
E					7				
F		9	7				5	2	
G	1			9		2			6
H	8			7		4			1
I		3	6				7	4	

	1	2	3	4	5	6	7	8	9
A	7	6				1	8		
B	1		2		6	8	9		
C	8								1
D	2		1		8	9	4		
E	5	8			7	6		1	9
F	9		6		1			8	
G	4	2	7	6	9	3	1	5	8
H	3	9	8	1	5	7			
I	6	1	5	8	2	4		9	

练习题

1-6-1　对于给出的方阵，使用挖洞法出一道属于你自己的数独谜题。

	1	2	3	4	5	6	7	8	9
A	7	3	9	4	2	8	5	6	1
B	8	6	5	9	3	1	4	7	2
C	2	4	1	5	6	7	8	3	9
D	5	1	8	7	9	3	2	4	6
E	3	7	2	6	8	4	1	9	5
F	6	9	4	2	1	5	3	8	7
G	4	8	6	1	5	9	7	2	3
H	1	2	7	3	4	6	9	5	8
I	9	5	3	8	7	2	6	1	4

1-6-2　验证自己的数独谜题。

1-6-3　尽可能地挖去足够多的数字，看看最终盘面上能剩下几个已知数。

七、小试牛刀之迷你数独

1. 4×4迷你数独

4×4迷你数独是标准数独的一个变种,因为比较简单,通常也被称为儿童版数独。4×4迷你数独仅仅由4个2×2的方阵组成,如下图所示。

	1	2	3	4
A		3	1	
B	1			3
C	2	☆	3	4
D		4	2	

可以看出,整个谜题中,C行和3列都已经知道3个数字,所以我们可以根据规则将C2和B3的答案填入相应空格中,如下图所示。

	1	2	3	4
A		3	1	
B	1		4	3
C	2	1	3	4
D		4	2	

填入数字后再次观察整个谜题，可以确定 B2 的数字是 2，如下图所示。

	1	2	3	4
A		3	1	
B	1	2	4	3
C	2	1	3	4
D		4	2	

至此，我们不难发现，每一个宫中都已经有了 3 个已知数字，可以轻松完成谜题，答案如下图所示。

	1	2	3	4
A	4	3	1	2
B	1	2	4	3
C	2	1	3	4
D	3	4	2	1

我们首先需要观察并找出已知数比较多的行、列以及宫。初学者最常犯的错误也就是过多地关注行列而忽略了宫，或者相反。记住，数独谜题需要的是眼观六路，观察得越仔细，就越能少走弯路。

下面我们给谜题稍微增加一些难度，如下图所示。

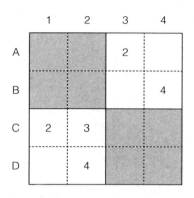

	1	2	3	4
A			2	
B				4
C	2	3		
D		4		

这种情况下，可以通过直观法所获得的唯一数字就只有D1格的1，把该数字填入之后，我们发现无法继续获得唯一的解，甚至还有两个宫是空的，如下图所示。

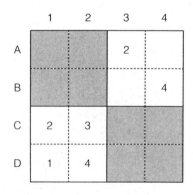

	1	2	3	4
A			2	
B				4
C	2	3		
D	1	4		

这时就需要一些技巧，谜题的规则是同一行、同一列、同一宫中的数字都不重复，据此，我们可以推断出C行和3列都不能出现数字2，于是便可以确定第四宫中的D4格答案是2，如下图所示。

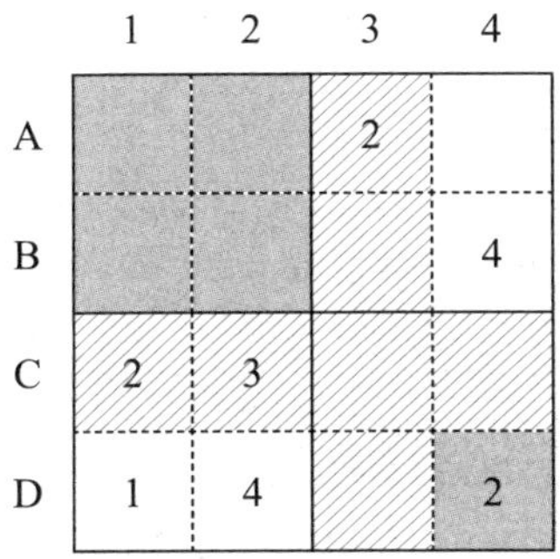

	1	2	3	4
A			2	
B				4
C	2	3		
D	1	4		2

通过这样的办法，继续推演，可以发现 A1 格数字是 4，然后便可轻松解开数独谜题，答案如下图所示。

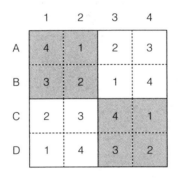

每一个数独谜题都有唯一的解，但是其解题思路并不唯一。本书的目的，就是尽可能地提供迅速便捷的解题技巧，并且辅以大量的同类练习题，相信经过训练，各位读者都可以迅速成长为数独大师，在锻炼脑力的同时也获得极大的乐趣。

2. 6×6 迷你数独

6×6 迷你数独比较特殊，因为它的每一个宫不再是方阵，这既不同于标准数独，也不同于 4×4 迷你数独。但由于涉及的数字比较少，6×6 迷你数独的解题难度仍然低于标准数独。

下图所示是一个典型的 6×6 迷你数独，需要将 1～6 的数字填入空白的方格中，并且使得每一行、每一列以及每一宫的数字均不重复。

	1	2	3	4	5	6
A		6	4		5	3
B		3	2	4	6	1
C	3	5	6			
D				5	3	6
E	4	2	3	6	1	
F	6	1		3	4	

首先，我们观察 B 行，可以发现仅有 B1 格为未知，根据规则便可确定 B1 格的数字为 5。采用同样的方法我们可以确定 D2 格、C5 格和 E6 格，如下图所示。

	1	2	3	4	5	6
A		6	4		5	3
B	5	3	2	4	6	1
C	3	5	6		2	
D		4		5	3	6
E	4	2	3	6	1	5
F	6	1		3	4	

在填入上述数字后，我们发现，除了中间两行，上下四个宫中都

已经有 5 个已知数。根据规则，我们将上下四个宫中的数字补满，如下图所示。

	1	2	3	4	5	6
A	1	6	4	2	5	3
B	5	3	2	4	6	1
C	3	5	6		2	
D		4		5	3	6
E	4	2	3	6	1	5
F	6	1	5	3	4	2

至此，还剩下 4 个空白的方格，分别在 1 列、3 列、4 列和 6 列中唯一确定，将相应数字填入便可获得最终答案，如下图所示。

	1	2	3	4	5	6
A	1	6	4	2	5	3
B	5	3	2	4	6	1
C	3	5	6	1	2	4
D	2	4	1	5	3	6
E	4	2	3	6	1	5
F	6	1	5	3	4	2

上面的这个 6×6 数独是相当简单的一种，接下来我们看一看如果没有那么多的已知数，该怎么解开谜题，题面如下图所示。

数独从入门到精通

	1	2	3	4	5	6
A		5			3	
B	3					
C			2			
D					2	
E			1	6		
F		4				1

这一题乍一看感觉无从下手，每一行、每一列以及每一宫中仅有两个已知数字，这时候该怎么办呢？别着急，再想一想数独的规则并且综合考虑数字。

观察左上角的第一宫，有 1、2、4、6 四个数字待确定，并且我们发现 3 列中已经存在数字 1 和 2，于是我们可以确定 A3 和 B3 格中的数字不是 4 就是 6，A1 和 B2 格中的数字不是 1 就是 2，如下图所示。

	1	2	3	4	5	6
A	1,2	5	4,6		3	
B	3	1,2	4,6			
C			2			
D					2	
E			1	6		
F		4				1

然后我们再观察 3 列，尽管具体位置仍不知道，但是可以确定 A3 和 B3 格中的数字是 4 和 6，于是我们就可以继续确定 D3 和 F3 中的数字不是 3 就是 5，如下图所示。

	1	2	3	4	5	6
A	1,2	5	4,6		3	
B	3	1,2	4,6			
C			2			
D			3,5		2	
E			1	6		
F		4	3,5			1

由于 E 行中已经存在数字 6，因此我们可以确定 E1 和 E2 中的数字不会是 6。这样在左下角的宫中，数字 6 仅有一个方格可以填入，那就是 F1。我们将数字 6 填入 F1 格，如下图所示。

	1	2	3	4	5	6
A	1,2	5	4,6		3	
B	3	1,2	4,6			
C			2			
D			3,5		2	
E	非 6	非 6	1	6		
F	6	4	3,5 非 6			1

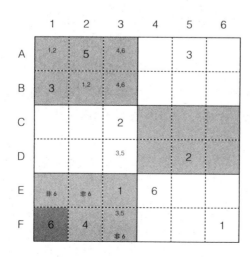

就这样，第一个数字已经被找到了，这里用到了一些数独的初级技法，这些都会在第 2 章中详细介绍。现在，让我们趁热打铁，继续观察题面。这次是右下角的那一宫，缺失的数字是 2、3、4、5、同时 5 列中已经存在数字 2 和 3，于是我们可以确定 E5 和 F5 中的数字是 4 和 5，再看 F 行中已经存在了数字 4，如此可以确定 F5 为 5，E5 为 4，将其填入方格，如下图所示。

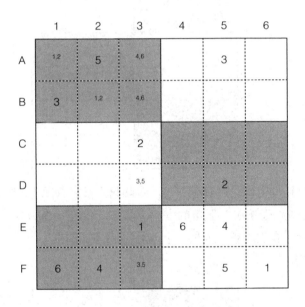

	1	2	3	4	5	6
A	1,2	5	4,6		3	
B	3	1,2	4,6			
C			2			
D			3,5		2	
E			1	6	4	
F	6	4	3,5		5	1

F5 确定以后 F3 和 D3 的数字也就可以依次确定，这时左下角的宫中还剩两个数字，2 和 5，由于 A2 中已经有 5，因此可以确定 E1 为 5，E2 为 2，再由 E2 中的 2 推导出 A1 为 2，B2 为 1，如下图所示。

	1	2	3	4	5	6
A	2	5	4,6		3	
B	3	1	4,6			
C			2			
D			5		2	
E	5	2	1	6	4	
F	6	4	3		5	1

随着已知数的逐渐增加，解题的速度也会越来越快，我们继续看上面的题目，填入数字后，E 行和 F 行仅剩的数字也可以确定，然后是 B5 和 C5 格，从 5 列来看它们的数字不是 1 就是 6，B 行又已经存在数字 1，于是 B5 和 C5 确定了，那么之后，A3 和 B3 也可以确定，如下图所示。

	1	2	3	4	5	6
A	2	5	6		3	
B	3	1	4		6	
C			2		1	
D			5		2	
E	5	2	1	6	4	3
F	6	4	3	2	5	1

只是确定了一个数字，就可以连锁反应般地获得那么多答案，是不是很有成就感呢？数独的魅力可能就在于此吧。然后继续这个"观察—推导—确定"的过程，就可以完全解开这个数独谜题，如下图所示。

	1	2	3	4	5	6
A	2	5	6	1	3	4
B	3	1	4	5	6	2
C	4	6	2	3	1	5
D	1	3	5	4	2	6
E	5	2	1	6	4	3
F	6	4	3	2	5	1

练习题

1-7-1 将 1～4 的数字填入空白的方格中，并且使每一行、每一列以及每一宫的数字均不重复。

（1）

	3		4
2		3	1
	2		
	1	4	2

（2）

2	1		3
4		1	2
	4		
	2	3	

（3）

3			4
		3	
			2
4			

（4）

3	2		
	3		
		4	

（5）

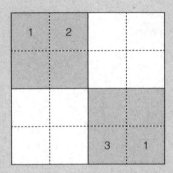

1	2		
		3	1

1-7-2　将 1 ~ 6 的数字填入空白的方格中，并且使每一行、每一列以及每一宫的数字均不重复。

（1）

	1	2	3	4	5	6
A		5	6	1	3	4
B		1	4		6	5
C		6		4		3
D	4		5		1	
E	5	2		3	4	
F	6	4	3		2	

(2)

	1	2	3	4	5	6
A			2	1		4
B	1			2	5	6
C		5		4		1
D	4	1	6	3	2	
E	3	4	5			2
F	6			5		

(3)

	1	2	3	4	5	6
A		1	6	3		5
B						
C	2					1
D	1					6
E						
F	6		2	4	1	

（4）

	1	2	3	4	5	6
A	4	2		1		
B	6					3
C	3	4				
D					3	4
E	2					5
F			4		2	1

（5）

	1	2	3	4	5	6
A	3			6		
B		5				4
C			1			
D		6			2	
E	4					
F			2			

（6）

	1	2	3	4	5	6
A						
B		5			2	
C					6	
D		2	6			
E	3					4
F			4		1	

第 2 章

数独技法

一、初级技法——直观法

直观法，顾名思义，就是通过直接观察得到方格的数字解而无须推理，直观法是数独中最简单也最常用的技法，通过直观法能够迅速确定答案，并且使题面中的已知数增加，因此它是提高解题速度的关键。

1. 唯一解法

唯一解法是之前我们在迷你数独中使用得最多的技法。因为迷你数独的方块比较少，大多数情况下都可以很快确定。

在标准数独中，唯一解法也是非常实用的，尤其是当使用基础摒除法解出一部分数字的情况下，很容易出现某行、某列或者某宫的已知数字已经有 8 个的情况，例如，下图所示的 1 列以及正中间的宫，可以轻松确定 I1 方格的数字是 4，D6 方格的数字是 6。

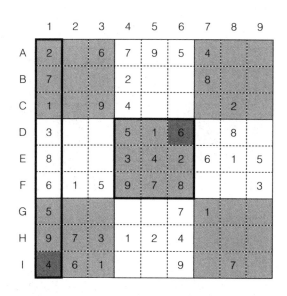

	1	2	3	4	5	6	7	8	9
A	2		6	7	9	5	4		
B	7			2			8		
C	1		9	4				2	
D	3			5	1	6		8	
E	8			3	4	2	6	1	5
F	6	1	5	9	7	8			3
G	5					7	1		
H	9	7	3	1	2	4			
I	4	6	1			9		7	

2. 唯余解法

和唯一解法相反，唯余解法是从未知数字入手的一个方法。也就是说，当某方格中可以填入的数字只剩下一个的时候，那么这仅剩的一个数字就必然是正解。继续刚才的数独谜题，注意观察 B3 方格，由它所在的宫我们可以得知该方格中可以填入的数字是 3、4、5、8，同时，B 行已经有 8 出现，3 列也已经有 3 和 5 出现，全部排除掉之后，该方格可以填入的数字只剩下 4，因此可以确定 B3 方格的数字是 4，如下图所示。

	1	2	3	4	5	6	7	8	9
A	2		6	7	9	5	4		
B	7		4	2			8		
C	1		9	4				2	
D	3			5	1	6		8	
E	8			3	4	2	6	1	5
F	6	1	5	9	7	8			3
G	5					7	1		
H	9	7	3	1	2	4			
I	4	6	1			9		7	

综合使用上述方法，基本就可以解开本题了，如下图所示。

	1	2	3	4	5	6	7	8	9
A	2	8	6	7	9	5	4	3	1
B	7	3	4	2	6	1	8	5	9
C	1	5	9	4	8	3	7	2	6
D	3	4	2	5	1	6	9	8	7
E	8	9	7	3	4	2	6	1	5
F	6	1	5	9	7	8	2	4	3
G	5	2	8	6	3	7	1	9	4
H	9	7	3	1	2	4	5	6	8
I	4	6	1	8	5	9	3	7	2

3. 基础摒除法

基础摒除法是非常便利的解题技巧,在之前迷你数独的解题过程中我们也曾经用到过。它由数独的规则推导而来,因为同一行、同一列、同一宫中均不能出现重复的数字,因此我们可以判断,当一个数字已经确定,那么它所在的行、列以及宫中就不可能再次出现。

基础摒除法通常可分为行摒除法、列摒除法和宫摒除法,下面通过一个入门级的数独谜题来看看基础摒除法的实际应用。

	1	2	3	4	5	6	7	8	9
A	2		6	7	9	5	4		
B	7			2			8		
C			9					2	
D	3				1			8	
E	8				4	2	6	1	5
F	6	1	5	9		8			3
G	5					7	1		
H	9		3		2	4			
I		6	1				7		

(1)行摒除法。行摒除法就是以行为观察对象,比如本题中,D行、G行以及I行都出现了数字1,因此我们可以将数字1从这些行中排除掉,如下图所示。

	1	2	3	4	5	6	7	8	9
A	2		6	7	9	5	4		
B	7			2			8		
C			9					2	
D	3				1			8	
E	8				4	2	6	1	5
F	6	1	5	9		8			3
G	5					7	1		
H	9		3		2	4			
I		6	1					7	

注意此时最下面中间那个宫中已经只剩下一个空位，其他位置都不是1，因此H4方格中的数字是1，如下图所示。

	1	2	3	4	5	6	7	8	9
A	2		6	7	9	5	4		
B	7			2			8		
C			9					2	
D	3				1			8	
E	8				4	2	6	1	5
F	6	1	5	9		8			3
G	5					7	1		
H	9		3	1	2	4			
I		6	1					7	

（2）列摒除法。列摒除法就是以列为观察对象，比如5列、6列、7列中都出现了数字4，因此我们将它从这些列中排除掉，此时，最上方中间宫中也只剩下一个空格，因此可以确定C4方格的数字是4，如下图所示。

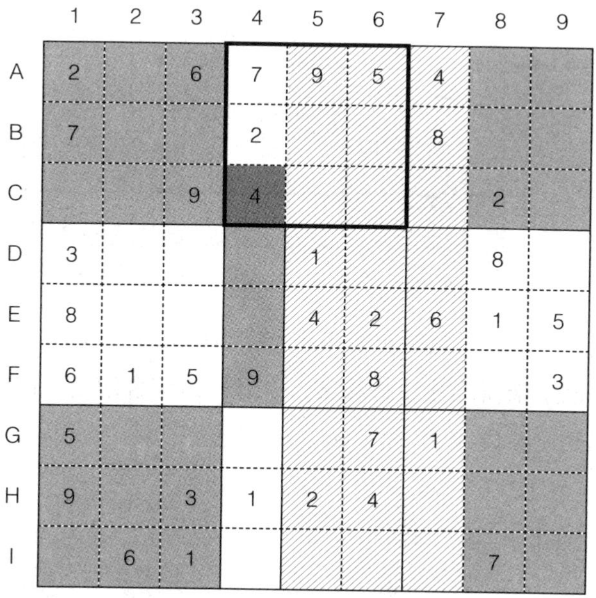

	1	2	3	4	5	6	7	8	9
A	2		6	7	9	5	4		
B	7			2			8		
C			9	4				2	
D	3				1		8		
E	8				4	2	6	1	5
F	6	1	5	9		8			3
G	5					7	1		
H	9		3	1	2	4			
I		6	1					7	

（3）宫摒除法。和行列摒除法一样，宫摒除法就是以宫为观察对象。继续之前的谜题，可以看到G6和I8的数字都是7，因此他们对应宫中不可能再次出现7。排除掉之后可以看到H行中仅剩一个空位，因此可以确定H2的数字是7，如下图所示。

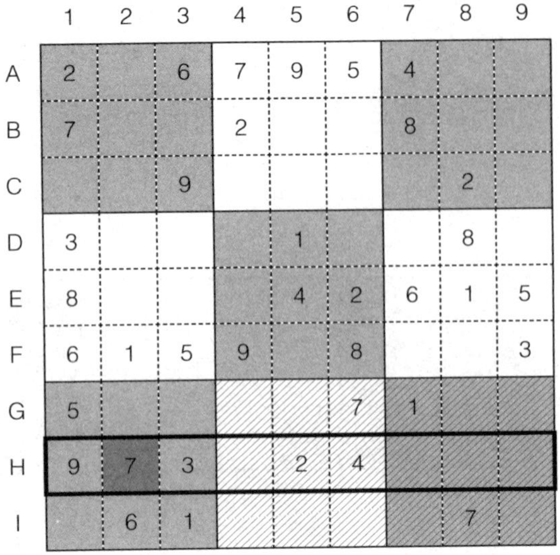

	1	2	3	4	5	6	7	8	9
A	2		6	7	9	5	4		
B	7			2				8	
C			9					2	
D	3				1			8	
E	8				4	2	6	1	5
F	6	1	5	9		8			3
G	5					7	1		
H	9	7	3		2	4			
I		6	1					7	

基础摒除法通常是综合使用的，一般来说，出现比较多次的数字，更容易通过基础摒除法获得答案，本题中，综合使用基础摒除法，我们还可以确定C1、E4、F5、D5、I6等数字，读者可以自行练习，如下图所示。

	1	2	3	4	5	6	7	8	9
A	2		6	7	9	5	4		
B	7			2				8	
C	1		9	4				2	
D	3				5	1		8	
E	8				3	4	2	6	1	5
F	6	1	5	9	7	8			3
G	5					7	1		
H	9	7	3	1	2	4			
I		6	1			9		7	

4. 撑点定位法

在介绍撑点定位法之前，首先需要了解一下“撑”和“点”的定义。在某宫中如果有某行或者某列的 3 个数字都已经已知，那么就可以称其为“撑”。撑所在行或列上的另外两宫中若有数字与撑内数字均不相同，那么该数字就可以称为“点”。撑点定位法的原则是，“点”上的数字在“点”和“撑”之外的九宫格中不与点同行（或同列），或不与撑同行（或同列）。且“点”上的数字在“撑”所在的宫内与“点”不同行。

如下图左上宫中的数字 3、4、9 构成了撑，与此同时，它们所在的 A 行上的另外两宫中的 6 就可以看作是点。

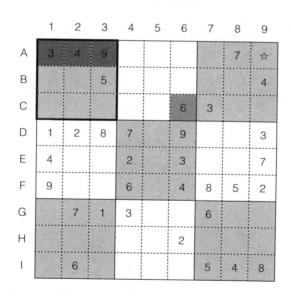

	1	2	3	4	5	6	7	8	9
A	3	4	9					7	☆
B			5						4
C						6	3		
D	1	2	8	7		9			3
E	4			2		3			7
F	9			6		4	8	5	2
G		7	1	3			6		
H						2			
I		6					5	4	8

根据撑点定位的原则我们可以推断出，在右上宫中，数字 6 只可能出现在 A7 或 A9 格中。结合列摒除法，可以推断出 A9 = 6。在左上宫中，数字 6 只可能出现在 B1 或 B2 格，同样，结合列摒除法可以推断出 B1 = 6。

不难发现，撑点定位法其实就是基础摒除法的特殊运用。如上例中，通过行摒除就可以得知左上宫中数字 6 的位置只可能在 B 行，通过宫摒除法也可以推断出数字 6 在右上宫的位置，读者可以自己验证一下。

5. 区块摒除法

区块摒除法是基础摒除法的进阶方法，其基本原理和基础摒除法一样。只不过区块摒除法将行、列和宫都进行了分隔。

对于行和列，区块的划分方法如下图所示，也就是将原本 9 个方块简化成 3 个区块。

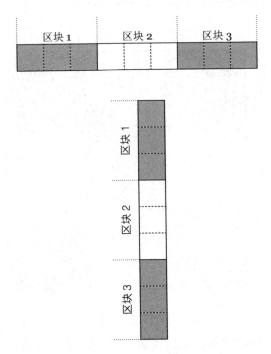

对于宫，有两种划分方法，或者划分为横向的 3 个区块，或者划分为纵向的 3 个区块，如下图所示。

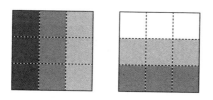

区块摒除法的意义在于，并不需要确定数字的确切位置，只需要知道它在哪个区块，便同样可以排除其在对应行、列或者宫中其他区块出现的可能性。区块摒除大致可以分为宫对行列区块摒除和行列对宫区块摒除两种。示例如下图，在无法利用基础摒除法确定数字的时候，就可以观察是否有适用于区块摒除法的情况出现并且加以利用。

（1）宫对行列区块摒除。观察 A 行，由 C2 格可以将数字 3 从 A1 ~ A3 方格中排除，故数字 3 在 A 行仅有一个位置可以去，即 A7 = 3。

观察 5 列，同样，由 E6 格可以将数字 2 从 D5 ~ F5 方格中排除，故数字 2 在 5 列仅有一个位置可以去，即 C5 = 2。

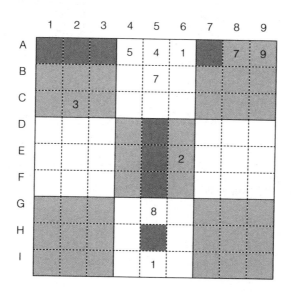

（2）行列对宫区块摒除。由 F5 方格的 4 可以确定将上中宫和中右宫里对应的区块排除，从而确定 A4 以及 E9 方格的数字是 4，如下图所示。

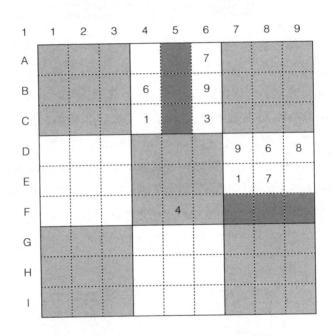

在实战中，区块摒除法通常和基础摒除法结合使用，一开始可能比较生疏，多练习就能熟悉其模式并且灵活运用。下面是一个区块摒除法的实例。观察左中宫，可以发现该宫的左右区块都已经填满且未出现数字 1，故可以确定 1 必然在 D2 ~ F2 方格中，因此可以将其从 2 列的其他位置摒除，如下图所示。

	1	2	3	4	5	6	7	8	9
A	5	6	4			2			8
B	2			7			6		
C		8	3						2
D	9		2					6	
E	6		5	2	4			1	
F	4		8			6		2	5
G			9		1	7	2	4	6
H			7						1
I			6				7	3	

然后结合行摒除法，便可以确定 I1 方格的数字是 1，如下图所示。

	1	2	3	4	5	6	7	8	9
A	5	6	4			2			8
B	2			7			6		
C		8	3						2
D	9		2					6	
E	6		5	2	4			1	
F	4		8			6		2	5
G			9		1	7	2	4	6
H			7						1
I	1		6				7	3	

再使用区块摒除法和列摒除法结合，还可以确定 B3 方格的数字也是 1，如下图所示。

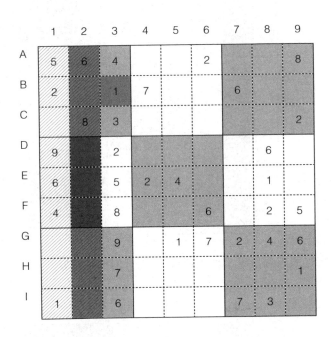

6. 单元摒除法

单元摒除法是单元限定法的进阶技法，属于直观法中比较高级的技巧。它同样能够大幅度提高解题效率。单元摒除法的核心原则是：当某个数字在某两宫可能出现的位置在相同的两行或者两列，那么我们就可以将该两宫之外的其他直线位置摒除。

下面通过一个实例来解释单元摒除法，如下图所示。

	1	2	3	4	5	6	7	8	9
A	8			3			4	2	1
B		7	4			2			6
C	1		2				7		
D									4
E	4				3			1	7
F		1						3	
G		2	7	8		4	1		
H	9		8	7	1	6			
I	6	4	1			3			

由基础摒除法我们可以得知左上宫中，仅有 B1 和 C2 位置可能为 3，同时我们发现左下宫中仅有 G1 和 H2 两个空格，如下图所示。

	1	2	3	4	5	6	7	8	9
A	8			3			4	2	1
B		7	4			2			6
C	1		2				7		
D									4
E	4				3			1	7
F		1						3	
G		2	7	8		4	1		
H	9		8	7	1	6			
I	6	4	1			3			

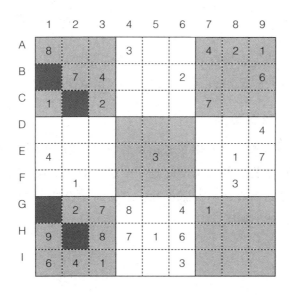

因此我们可以将数字 3 从 1 列和 2 列中排除掉。再结合行摒除法，可以确定 D3 方格的数字是 3，如下图所示。

	1	2	3	4	5	6	7	8	9
A	8			3			4	2	1
B		7	4			2			6
C	1		2				7		
D			3						4
E	4				3			1	7
F			1					3	
G		2	7	8		4	1		
H	9		8	7	1	6			
I	6	4	1		3				

不难发现，如果不采用单元摒除法，就难以确定左中宫中数字 3 的位置。可见熟练掌握单元摒除法是提高解谜速度的关键。

7. 矩形摒除法

矩形摒除法和单元摒除法相当类似。当某个数字可能出现的位置分别在两个宫，同时又刚好是一个矩形的 4 个顶点时，便可以将该矩形四条边所在的行列都摒除。下面同样通过一个实例来解释矩形摒除法，如下图所示。

	1	2	3	4	5	6	7	8	9
A				6	9			8	1
B	3	1	9	8			6	4	2
C		5			1			9	3
D	6	3						7	
E		7	2					6	
F	9	8	1			6			
G	5	9	3		7		4	1	6
H	1	6		3	4	5		2	7
I	7	2	4					3	

观察最上面的 3 个宫，通过列排除法可以确定，左上宫中 7 可能的位置仅有 A3 和 C3，右上宫中 7 可能的位置仅有 A7 和 C7，刚好形成一个矩形的 4 个顶点，如下图所示。

	1	2	3	4	5	6	7	8	9
A				6	9			8	1
B		1	9	8			6	4	2
C		5			1			9	3
D	6	3						7	
E		7	2					6	
F	9	8	1			6			
G	5				7		4	1	6
H	1	6		3	4	5		2	7
I	7	2	4					3	

这时候可以采用矩形摒除法，将 7 从这 4 个顶点所在的 A 行和 C 行中摒除。摒除后中上宫中仅剩 2 个空格，再结合列排除法便可得知 B6 = 7，如下图所示。

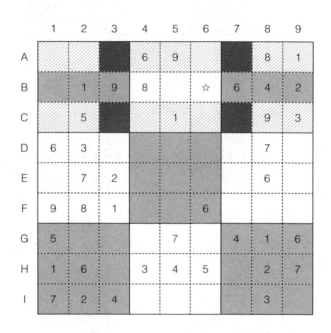

	1	2	3	4	5	6	7	8	9
A				6	9			8	1
B		1	9	8		☆	6	4	2
C		5			1			9	3
D	6	3						7	
E		7	2					6	
F	9	8	1			6			
G	5				7		4	1	6
H	1	6		3	4	5		2	7
I	7	2	4					3	

8. 余数测试法

使用前面所介绍的技巧，应该基本已经可以横扫中级甚至中高级的数独谜题。然而有时也会有横看竖看也无法确定答案的情况出现。这时如果仅余 2 ~ 3 个数字，则可以用分别尝试的方法找到答案，也就是所谓的余数测试法。

让我们来看下面这个图示的例子，这是某一局数独解到中途时候获得的题面。

	1	2	3	4	5	6	7	8	9
A	2			8	5			3	
B	3	5			2			1	
C	8				3		2	9	
D	9	2	5	3	1	8	7	6	4
E	7	1	8		4		3	5	2
F	6	3	4	2	7	5	9	8	1
G	5	8	7	4	9	1	6	2	3
H	1	9	2	7	6	3		4	
I	4	6	3	5	8	2	1	7	9

可以看到，H 行中仅剩下数字 5 和数字 8 没有确定，这时我们可以尝试一下余数测试法。首先，我们假设 H7 方格的数字是 5，如下图所示。

	1	2	3	4	5	6	7	8	9
A	2			8	5			3	
B	3	5			2			1	
C	8				3		2	9	
D	9	2	5	3	1	8	7	6	4
E	7	1	8		4		3	5	2
F	6	3	4	2	7	5	9	8	1
G	5	8	7	4	9	1	6	2	3
H	1	9	2	7	6	3	5	4	
I	4	6	3	5	8	2	1	7	9

将假设的 5 填入方格后，可以用唯一解法获得 H9 的数字是 8，再利用单元限定法，得到 B7 的数字也是 8，如下图所示。看起来没有什

么异常。

	1	2	3	4	5	6	7	8	9
A	2			**8**	5			3	
B	3	5			2		**8**	1	
C	**8**				3		2	9	
D	9	2	5	3	1	8	7	6	4
E	7	1	8		4		3	5	2
F	6	3	4	2	7	5	9	**8**	1
G	5	8	7	4	9	1	6	2	3
H	1	9	2	7	6	3	**5**	4	**8**
I	4	6	3	5	8	2	1	7	9

这说明H7方格的数字很可能就是5，我们猜对了。但现在还不能确定，除非能够证明H7格中的数字不可能是8。现在将刚才的假设抹去，在H7方格中填入8再试一下，如下图所示。这时候数字的位置都变了。

	1	2	3	4	5	6	7	8	9
A	2			**8**	5		☆	3	
B	3	5			2		☆	1	**8**
C	**8**				3		2	9	
D	9	2	5	3	1	8	7	6	4
E	7	1	8		4		3	5	2
F	6	3	4	2	7	5	9	**8**	1
G	5	8	7	4	9	1	6	2	3
H	1	9	2	7	6	3	**8**	4	5
I	4	6	3	5	8	2	1	7	9

这时，观察数字5，使用摒除法便可以确定它在右上宫中的位置

应该是 A7 或者 B7，然而，A 行和 B 行中都已经有 5 存在，由此冲突，我们便可确定了这个方案不正确，H7 = 5 才是正解。

余数测试法在有些时候相当有效，尤其是在数步之内就可以验证出结果的情况下。如果利用得当，能够节约相当多的时间，但也存在无法立即验证的情况，另外，如果未知的方格超过 3 个，会由于可能的情况过多而造成混乱，这时不建议使用余数测试法。

9. 逐行、逐列依次扫描法

相较于上述解题技法，逐行、逐列依次扫描法更像是一种解题的步骤。顾名思义，逐行、逐列一次扫描法，就是说在拿到谜题时就按照特定的顺序将所有的数字都遍历一遍。综合上面所提到的各种技法，从出现频率最高的数字入手，尽可能减少未知数的数量。

如果题面上的已知数较多，那么首先可以通过唯一解法或者唯余解法得出某行、某列或者某宫中的全部数字。

由数独规则可以知道，一共存在 9 个数字，每个数字都会重复出现 9 次，也就是说，有 9 个单元，每个单元中应该包含 9 个数。如果某个数字在题面上出现的次数比较多，那么就很有希望综合运用观察法找出该数字在其余宫中的位置，如下图所示。

	1	2	3	4	5	6	7	8	9
A			6	1					
B	1	8		3		4		2	7
C	7	9	4		5				
D		5		3	8				9
E			1		5	7	6		8
F			7						
G			4	2		6			
H						8			6
I		8			4		5		

数独从入门到精通

观察数字 7，它在最上方横向排列的 3 个宫中已经出现了两次，不难判断，在中上宫中，数字 7 仅可能出现在 A 行。又因为 5 列中已经存在数字 7，因此可得，A6 = 7，如下图所示。

	1	2	3	4	5	6	7	8	9
A			6	1					
B	1	8		3		4		2	7
C	7	9	4		5				
D	5		3	8					9
E		1		5	7	6			8
F		7							
G		4	2	6					
H					8				6
I	8			4		5			

在确定 A6 = 7 之后，中间纵向排列的 3 个宫中也已经出现过两次 7，用同样的方法可以推导出 H4 = 7，如下图所示。

	1	2	3	4	5	6	7	8	9
A			6	1		7			
B	1	8		3		4		2	7
C	7	9	4		5				
D	5		3	8					9
E		1		5	7	6			8
F		7							
G		4	2	6					
H					8				6
I	8			4		5			

拿到题目之后，在逐行、逐列寻找唯一解和唯余解之后，就可以从 1 开始依次观察各个数字，尽可能地将可以直接判断的答案都找出来。在填充数字的过程中也可以再次依次扫描检查，提高解题效率。

练习题

2-1-1 找出下列数独谜题中的所有唯一解。

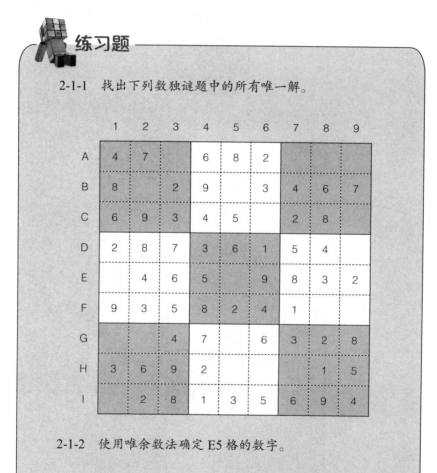

	1	2	3	4	5	6	7	8	9
A	4	7		6	8	2			
B	8		2	9		3	4	6	7
C	6	9	3	4	5		2	8	
D	2	8	7	3	6	1	5	4	
E		4	6	5		9	8	3	2
F	9	3	5	8	2	4	1		
G			4	7		6	3	2	8
H	3	6	9	2				1	5
I		2	8	1	3	5	6	9	4

2-1-2 使用唯余数法确定 E5 格的数字。

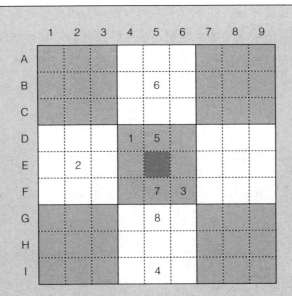

2-1-3 使用行摒除法找出数字3在A列中的位置。

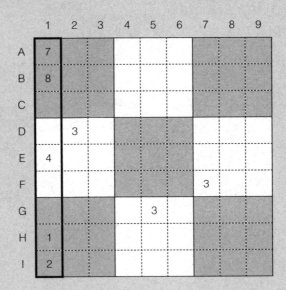

2-1-4　使用列摒除法找出数字 8 在 C 行中的位置。

	1	2	3	4	5	6	7	8	9
A									
B									
C			4	6		7	9	5	
D	8								
E									8
F									
G									
H									
I		8							

2-1-5　使用宫摒除法找出数字 2 在 4 列中的位置。

	1	2	3	4	5	6	7	8	9
A				7					
B				1					
C									
D									
E						2			
F									
G				9					
H				3					
I				5					

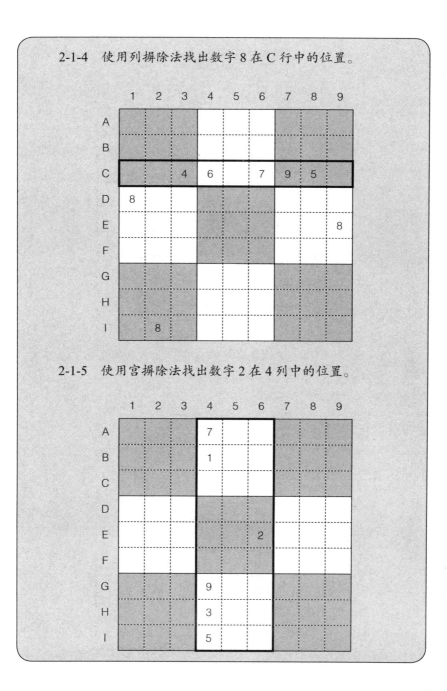

2-1-6　使用撑点定位法找出数字8在左上宫及中上宫中的位置。

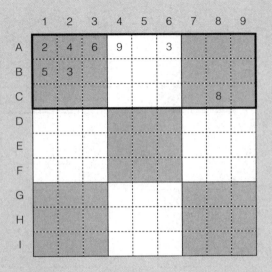

	1	2	3	4	5	6	7	8	9
A	2	4	6	9		3			
B	5	3							
C								8	
D									
E									
F									
G									
H									
I									

2-1-7　使用撑点定位法和基础摒除法找出数字2在中下宫及右下宫中的位置。

	1	2	3	4	5	6	7	8	9
A	1	2	9			8	7		
B	7				2		4		1
C	5	6							2
D	2			9	5	3			4
E		1			6		9	7	
F		3	4	1			2		
G			2				6		
H		8				4	5	3	
I				6	7	5			

2-1-8 找出方格中数字的解。

(1)

	1	2	3	4	5	6	7	8	9
A		5	9				6	4	3
B	8				1		9	5	7
C	6	3	7	4	5	9	2	1	8
D	9	2			7		5		
E	5	7				2		9	1
F			3	5	9	1			2
G	2	8	4		3	7	1	6	
H	7			1				2	4
I				2		6	7		

(2)

	1	2	3	4	5	6	7	8	9
A	3					6	8	5	
B			5		8	7	6	9	2
C	6			5			3	4	1
D	4	3					9		
E	8		1		6	3	2	7	4
F	2					8	1	3	5
G		1							9
H		8				1	7		
I	5	6	3		9	2			8

资源下载码: 67890

（3）

	1	2	3	4	5	6	7	8	9
A	6		1	7		4	3	9	8
B						1	4		
C	4		9	3	6	8	1		
D	2		8			5	7	3	
E		5	7					2	
F			6	2					1
G		6	5	4	3		8		
H	8					7	6	4	3
I	9	3	4	8		6	2	7	5

（4）

	1	2	3	4	5	6	7	8	9
A	1				6	8	9		
B	6	5	9		3	4		1	8
C				1					3
D	5	9						2	
E		3			1	9		4	
F			8			3		9	6
G		7		3				8	
H		8			7	6			
I	3	6		9		2		7	

2-1-9　使用单元摒除法找出左中宫中 1 的位置。

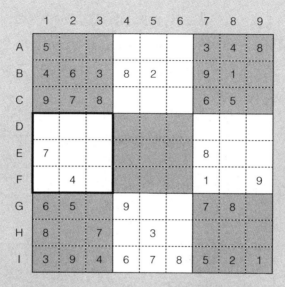

	1	2	3	4	5	6	7	8	9
A	5						3	4	8
B	4	6	3	8	2		9	1	
C	9	7	8				6	5	
D									
E	7						8		
F		4					1		9
G	6	5		9			7	8	
H	8		7		3				
I	3	9	4	6	7	8	5	2	1

2-1-10　使用矩形摒除法找出右上宫中 1 的位置。

	1	2	3	4	5	6	7	8	9
A	5	1	9	8		7			6
B			8			5		2	
C	4	7			6	3	5	8	
D	6			7		2	4	9	
E	1	9	7	3				6	5
F				6		9	7	3	
G	7		6	4		1	8	5	
H		5	1				6		
I	8			5	7	6	9		

二、中级技法——候选数法

在我们掌握了直观法之后,大部分数独谜题应该都可以迎刃而解,但是个别情况下,也会存在有难以判断,有时候还会因为思维的盲点而漏看掉一些信息,对着题面浪费时间。这时候就需要候选数法的辅助了。

候选数,顾名思义,就是某个方格中可能出现的数字的集合,如果将它们全部标注在空白的方格中,有时候可以更迅速地判断出正确答案。

下图为一个标注了候选数的数独谜题。

	1	2	3	4	5	6	7	8	9
A	3,4,7	2	4	6,9	5	6,7,9	7	3,7,8	1
B	1,5,7	6	5,7,8	3	1,4,7	2,7	9	4,7,8	2,5,7,8
C	1,3,5,7	1,3,7	5,7,9	1,2,4,9	1,4,7,9	8	2,4,5,7	6	2,3,5,7
D	9	1,4,7	2,6,7	5	3,4,7	3,6,7	8	1,3,7	2,3,6,7
E	1,4,6,7	5	6,7,8	4,6,8	2	3,6,7	1,6,7	9	3,6,7
F	2,6,7	7,8	3	6,8,9	7,8,9	1	2,5,6,7	7	4
G	2,3,4,5,6	9	2,5,6	7	1,3,8	2,3,5	1,4,6	1,4,8	6,8
H	2,3,6,7	3,7	1	2,8,9	3,8,9	4	6,7	5	6,7,8,9
I	8	4,7	5,7	1,9	6	5,9	3	2	7,9

现在有很多软件可以实现"一键标注"的功能,甚至还可以根据填入的数字删去相应的候选数。但不应该过度依赖于这些自动化的功能,也不推荐一上来就急于列出所有未知方格的候选数,在直观法一

时无法确定的时候,采用候选数法作为辅助,才能获得事半功倍的效果。

1. 唯一候选数法

唯一候选数法,顾名思义,就是当某个方格中的候选数只有一个的时候,那么该候选数无疑就是方格的解。如上例中的 A7 格和 F8 都有唯一候选数,因此可以确定 A7 = 7,F8 = 7,如下图所示。

	1	2	3	4	5	6	7	8	9
A	3,4,7	2	4	6,9	5	6,7,9	7	3,7,8	1
B	1,5,7	6	5,7,8	3	1,4,7	2,7	9	4,7,8	2,5,7,8
C	1,3,5,7	1,3,7	5,7,9	1,2,4,9	1,4,7,9	8	2,4,5,7	6	2,3,5,7
D	9	1,4,7	2,6,7	5	3,4,7	3,6,7	8	1,3,7	2,3,6,7
E	1,4,6,7	5	6,7,8	4,6,8	2	3,6,7	1,6,7	9	3,6,7
F	2,6,7	7,8	3	6,8,9	7,8,9	1	2,5,6,7	7	4
G	2,3,4,5,6	9	2,5,6	7	1,3,8	2,3,5	1,4,6	1,4,8	6,8
H	2,3,6,7	3,7	1	2,8,9	3,8,9	4	6,7	5	6,7,8,9
I	8	4,7	5,7	1,9	6	5,9	3	2	7,9

在实际解题过程中,采用唯一候选数法可以确定的解都可以采用唯余法获得,很少会被实际应用到。

2. 隐性唯一候选数法

当某个候选数在某列、某行或者某宫中仅出现一次的时候,便可确定其出现的位置就是正解所在。由于它看起来并不像唯一候选数那么明显,因此我们称为隐性唯一候选数。

下图为一个标注了候选数的数独谜题。

	1	2	3	4	5	6	7	8	9
A	2,5,6	2,5,6,9	2,6,9	1	3	4	7	6,8,9	6,9
B	8	1	7	9	5	6	4	2	3
C	3,4,6	3,6,9	4,6,9	8	7	2	5	6,9	1
D	9	4	1,6	2	8	3	1,6	1,5,6,7	5,6,7
E	1,2,3,6	2,3,8	1,2,8	5	6	7	1,2,9	1,9	4
F	2,5,6	2,5,6,7	2,6	4	1	9	2,6	3	8
G	1,4,6	8,9	5	6	4,9	1,8	1,3,8	1,7,8	2
H	7	6,8	1,6,8	3	2	1,5,8	1,6,8	4	9
I	1,2,4,6	2,6,8,9	3	7	4,9	1,5,8	1,6,8	1,5,6,8	5,6

根据定义，可以找出题面中的隐性唯一候选数有：①右上宫中的候选数 8；② 7 列中的候选数 9；③ 7 列中的候选数 3；④右下宫中的候选数 7；⑤ F 行中的候选数 7。

因此可以确定 A8 = 8，E7 = 9，G7 = 3 ，G8 = 7，F2 = 7。

当解题思路卡壳的时候，如果有耐心将所有的候选数都一一列出，将会有很大概率遇到隐性唯一候选数，但同时也能发现，这些隐性唯一候选数多数是可以通过直观法获得的，只是观察得不够仔细而已。

3. 显式数对法

如果在某一行、列或者宫中，出现两个方块同时具有相同的两个候选数，那么这两个候选数被称为显式数对。此时可以将这两个数同时从其所在的行、列或者宫中排除。

显式数对法有点类似于区块摒除法,如下图所示。

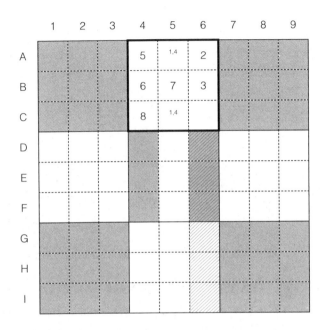

这里,A5 和 C5 的候选数即构成了显式数对,可以将它们同时从 5 列以及中上宫的其他位置摒除。此时可确定 C6 = 9。

4. 隐式数对法

当两个候选数在某行、某列或者某宫中同时出现在两个位置并且只在这两个位置出现,那么即使这两个候选数所在的方格还有其他候选数存在,仍可将它们作为数对排除。这种情况下的数对就称为隐式数对,如下图所示。

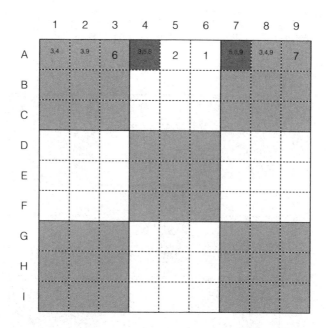

可以看到,在 A 行中,数字 5 和 8 只在 A4 和 A7 出现过。因此虽然这两个方格里都有 3 个候选数,仍然可以将它们作为数对来看。在确定 5 和 8 是数对之后,A 行中的候选数简化如下图所示。

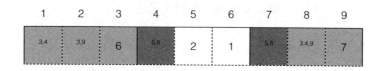

但这时仍无法判定 5 和 8 的确切位置。隐式数对在实战中很少会出现,因为大部分情况下,它们都会被其他条件影响而成为显式数对,如上例中的 A1、A2 和 A8 其实已经形成了三数集(后面会介绍),这时已经可以将 A4 和 A7 格中的 3 和 9 摒除掉了,结果是一样的。

和唯一候选数法一样,隐式数对法可以作为思路卡壳时候的辅助解决之道,但如果在解题过程中使用得过多,就需要检讨自己的观察是否不够仔细。

5. 显式三数集法

显式三数集法和显式数对法的规则是一样的，只不过数字从 2 个变成了 3 个，即在某一行、列或者宫中，若出现有 3 个方块同时具有相同的 3 个候选数，那么这 3 个候选数被称为显式三数集。

需要注意的是，符合显式三数集方格中的候选数不必须都是 3 个，有时候某个数字会因为被排除掉而不显示在方格中。但只要它们只出现在某行、列、宫中的 3 个方块中，便符合条件。下图是一个实例。

	1	2	3	4	5	6	7	8	9
A		8		2	7	1	5		9
B	7			3,5,6	3,5,6	3,5,6	8	1	4
C	1	3	5	9	4	8			
D	3,6,9		1		2			8	
E	8				1		6		
F	3,6,9	5	7	8			2		1
G	6,9	7	3	4	6,9	2	1	5	8
H	5	4,9	8	7	1		3	2	6
I	2	1	4,6,9		8				

B 行中，B4、B5、B6 中的候选数构成了显式三数集，可以将它们同时从该行摒除。此时可确定 B2 和 B3 中是一个数对。

1 列中，D1、F1、G1 也构成显式三数集，这里由于 G3 的宫摒除而使得数字 3 不出现在 G1 方格中。因为无法确定位置，所以在 1 列中仍然要作为三数集来考虑，并且可以确定 A1 = 4。

右下宫中也存在一个三数集，尽管暂时没什么帮助，但它们将有利于后期的综合判断。

显式三数集和显式数对法在数独的解题过程中是非常有帮助的，基本上，综合直观法的一些技巧就可以轻松找出题面中的数对或三数集。

6. 隐式三数集法

同样，隐式三数集法和隐式数对法也类似，但由于数字的增加，隐式三数集更为隐蔽。

如下图 B 行中，可以看到数字 2、4、9 只出现在 B7、B8、B9 宫中，故可以判断它们构成三数集。

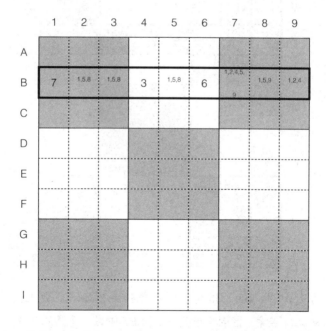

隐式三数集和隐式数对一样，没有太多的实战意义，因为它们很容易就会因为其他条件的限制而"浮出水面"，比如上例中，原本 B

行中的 B2、B3 和 B5 宫就已经构成了显式三数集，尤其可以将 1、5、8 从该行的其他位置摒除，即可获得 B8 = 9。故没有必要特地为了寻找它们而花费精力。

练习题

2-2-1 找出所有的唯一候选数。

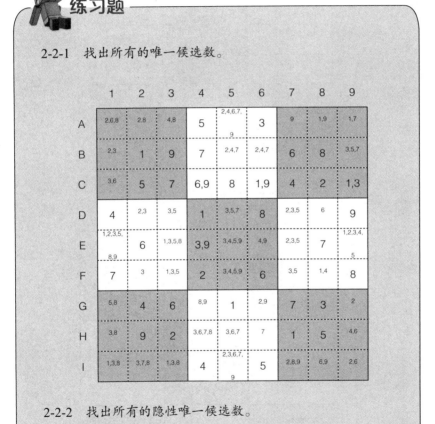

2-2-2 找出所有的隐性唯一候选数。

数独从入门到精通

	1	2	3	4	5	6	7	8	9
A	3,5,6,9	5,6,7	3,5,7	2	4	3,6,7,8	5,7	1	5,8
B	2	6,7	7	5	1,6,7,8	6,7,8	4,7	9	3
C	8	1	4	3,7,9	7,9	3,7	2,5,7	6	5
D	1,3,5	2,5	1,2,3,5	6	2,5,9	2,3,4	8	2,3,4	7
E	3,5	2,5,7,8	6	3,4,7,8,9	2,5,7,8,9	2,3,4,7,8	1	2,3,4	5,9
F	4	2,5,7,8	9	3,7,8	2,5,7,8	1	2,3,5,6	2,3	5,6
G	1,6	3	1,2,8	1,7,8	1,2,6,7,8	2,6,7,8	9	5	4
H	7	9	1,8	1,4,8	1,6,8	5	3,6	3,8	2
I	1,5,6	4	1,2,5,8	1,7,8	3	9	6,7	7,8	1,6,8

2-2-3　利用候选数法找出题面中的数对。

	1	2	3	4	5	6	7	8	9
A	5,8,9	5,6,9	4	1,2,8,9	7	3	5,6,8,9	1,6,8,9	1,2,5,6,8
B	7,8,9	3	7,9	5	2,8,9	4,6,8,9	6,8,9	1,6,7,8,9	1,2,6,7,8
C	2	5,6,9	1	8,9	8,9	6,8,9	4	3	5,6,7,8
D	6	4,5,9	5,9	7,8,9	1	5,7,8,9	5,8,9	2	3
E	1,5,9	1,5,9	8	4	3,5,9	2	7	1,6,9	1,5,6
F	3	7	2,5,9	8,9	6	5,8,9	5,8,9	1,8,9	4
G	1,4,5,7	8	6	3,7	3,5	5,7	2	4,7	9
H	4,7,9	2,4,9	2,3,7,9	2,3,7,8,9	2,3,8,9	1	3,6,8	5	6,7,8
I	5,7,9	2,5,9	2,3,5,7,9	6	4	5,7,8,9	1	7,8	7,8

2-2-4　找出题面中的三数集。

	1	2	3	4	5	6	7	8	9
A	6	2	4	7,8,9	5	1,7,8,9	7,8,9	3,7,9	7,8
B	5,8	7,8	5,7,8	4,6,7,8,9	3	2	1	7,9	4,7,8
C	9	1,3,7,8	3,7,8	4,6,7,8	1,6,7,8	1,4,6,7,8	2,4,6,7,8	2,3,7	5
D	7	3,8,9	3,8,9	1	6,8,9	3,6,8,9	5	4	2
E	4,8	5	3,8,9	2,4,7,8,9	7,8,9	3,4,7,8,9	7,8,9	6	1,7,8
F	2	6	1	4,7,8,9	7,8,9	5	7,8,9	7,9	3
G	3	1,4,7,8,9	2,5,7,8,9	5,7,8,9	1,7,8,9	1,7,8,9	2,4,7	1,2,5,7	6
H	1,5,8	1,7,8,9	6	3	4	1,7,8,9	2,7	1,2,5,7	1,7
I	1,4,5	1,4,7	5,7	5,6,7	2	1,6,7	3	8	9

三、高级技法——终级推理

在解难度比较高的数独谜题的时候，有时候会遇到难以确定唯一解的情况，貌似只有假定其中某方格的数字后再作判断这一条路可以走，然而这种方法具有很大的随机性，可能一把就赌赢了顺利解出谜题，也有可能走了很多步之后才发现有问题，造成一定程度的混乱。这个时候就需要一些高级技巧，对方格的观察也不再局限于其所在的行、列以及宫，而是从全局出发，综合考虑。

1. 二链匹配删减法

二链，顾名思义，就是以两条相对独立的行或列作为观察对象。比如下图C行和F行，或是3列和9列，总之，它们之间没有宫位上的交集。

当这样的两行中均存在显式数对，且数对的数字存在交集的时候，如*XY*和*XZ*，那么就就可以判断在这4个方块中，*X*会出现两次并且不同行（列）。此时可使用二链匹配删减法来删除其余位置的一些候选数。

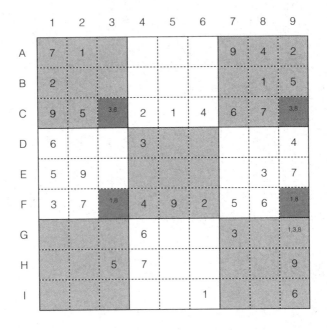

	1	2	3	4	5	6	7	8	9
A	7	1					9	4	2
B	2							1	5
C	9	5	3,8	2	1	4	6	7	3,8
D	6			3					4
E	5	9						3	7
F	3	7	1,8	4	9	2	5	6	1,8
G				6			3		1,3,8
H			5	7					9
I						1			6

观察C行和F行可以发现，数字8要么出现在3列，要么出现在9列，因此可能的组合就只有两种，或者C3 = 8、F9 = 8，或者F3 = 8、C9 = 8。不管是哪种情况，都可以将对应行列上其他空格处8摒除掉，由此可得G9 = 1。

二链匹配删减法可以扩展为对应3个数字的三链匹配，其核心原则是一样的，读者可以自行尝试推导。三链匹配删减法在国际上也被命名为剑鱼（Sword Fish）。

2. XY匹配删减法

使用XY匹配删减法是二链匹配删减法的进阶，它综合考虑两个维度而不再是单纯的行或者列。使用XY匹配删减法，需要找到一个两两相扣的三数集，即分别具有XY、YZ、XZ形态的候选数，且它们不在同一个宫内。下面通过一个实际的例子来分析，如下图所示。

	1	2	3	4	5	6	7	8	9
A	7	5		2	1	3,4			
B	3			6	8	5	2		7
C				9	7	3,4			
D	5	1	8	4	6	7	3	9	2
E		9	7	3	5	2		4	8
F	4	☆	3	1	9	8		7	5,6
G				7	3	9			
H	1			5	2	6			9
I	9	3,6	5,6	8	4	1	7	2	3,5

可以看到，I2、I9 和 F9 中的数字就构成了这种形态的数组，I9 格内的数字将同时影响 F2 格和 I2 格，因此这两个候选数就相当于 XY，而数集中的另一个数字就是 Z。

这时有两种情况，一种是 I2 = 3，I9 = 5，F9 = 6；另一种情况是 I2 = 6，不论哪种情况，都可以断定 F2 格不可能是 6。结合摒除法便可以得出 E1 = 6，F2 = 2。由此可知，XY 匹配删减法就是通过符合要求的数组，来排除 X 和 Y 共同影响的格子中的 Z 值。

XY 匹配删减法的关键词就是"同时影响"，由 XY 和 YZ 同行、XY 和 XZ 同列来达成条件，在实战中，还会出现 XY 和 YZ 同宫、XY 和 XZ 同行或同列的情况，但是原理是一样的，读者可以在练习中多加留心。

3. XYZ 匹配删减法

XYZ 匹配删减法和 XY 匹配删减法的配置形式相当类似，区别在于能够共同影响其他两格的关键宫中的候选数多了一个，并且刚好是 Z。由于多了一个数字，故 XYZ 匹配删减法更容易判断关键格的所在。

下图是一个在实战中经常会出现的 XYZ 配置。

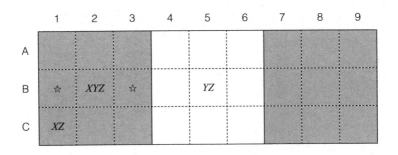

分析如下：

B2 格若为 X，那么其同宫的 C1 为 Z，而同行的 B5 为 Y。

B2 格若为 Y，那么其同行的 B5 为 Z，同宫的 C1 为 X。

B2 格若为 Z，那么其同宫的 C1 为 X，同行的 B5 为 Y。

可以看出，不论是哪种情况下，XZ 和 YZ 共同作用的 B1 和 B3 都不可能是 Z，因此可以将它们摒除。

如果 B2 格仅仅包含 XY，那么就是在之前让读者自行推导的另一种形式的 XY 匹配。这是 B2 格仅有两种情况，C1 和 B5 中始终有一宫为 Z，故 ☆ 所在位置的方格不可能出现 Z。读者可以将这种情况和上面的 XYZ 匹配对比分析，加深印象，如下图所示。

	1	2	3	4	5	6	7	8	9
A									
B	☆	XY	☆		YZ				
C	XZ			☆	☆	☆			

4. WXYZ 匹配删减法

同理，WXYZ 匹配删减法是 XYZ 匹配删减法的扩展。它所观察的对象是出现在 4 个方格里的 4 个候选数，并且形成 WXYZ、WZ、XZ、YZ 这样的格局，其中，XZ 与 YZ 要同行或同列，WXYZ 要和 WZ 同行、同列或同宫，并且同时与 XZ 和 YZ 同行、同列或同宫，如下图所示。

	1	2	3	4	5	6	7	8	9
A		WX YZ							
B	WZ	z							
C		z							
D		XZ							
E		YZ							
F									

和 XY 匹配删减法一样，当候选数符合 WXYZ 匹配，那么就可以

删除它们共同影响的格子中的 *Z* 值，例如下图中，A4 中的候选数作为 *WX* 与 C6 同宫，同时 D6 和 F6 中的候选数作为 *YZ* 和 *XZ* 与 C6 同列，此时可以删除它们共同作用的 B6 中的候选数 9。

	1	2	3	4	5	6	7	8	9
A	1,4,8,9	1,4,8	3	1,9	6,9	7	2	5	1,6,8,9
B	1,5,9	7	1,2	8	2,5,6,9	1,2,5,6,9	3	4	1,6,9
C	6	1,5,8	1,2,8	4	3	1,2,5,9	7	1,8,9	1,8,9
D	2	5,6,8	1,6,7,8	5,9,7	4	5,9	1,5,6,8	3	1,5,8,9
E	1,4,5	9	1,4	6	8	3	1,5	7	2
F	5,8	3	6,7,8	2,5,7,9	1	2,5,9	5,6,8	8,9	4
G	3	4,6	4,6	1,5,9	5,9	8	1,5,9	2	7
H	1,7,8	1,8	5	1,2	2,7,9	4	1,8,9	6	3
I	1,7,8	2	9	3	5,6,7	1,5,6	4	1,8	1,5,8

需要注意的是，这里的 *Z* 数 9 在 F6 中也出现了，但是并不影响判断。读者可以自行推导证明一下，同时也可以加深对 *WXYZ* 这种配置的理解。

5. 唯一矩形删减法

数独的规则是所有题目都有唯一、确定的解，因此如果题面出现下面的情况，就会因为可能出现两套不同且均成立的答案而失格。这种情形在数独里有一个专门的名词叫作致命模式，也是所有的出题者要避免的一种情况。因此，可以利用这一规则来简化一些方格内的候选数。这种方法就叫作唯一矩形删减法，如下图所示。

	1	2	3	4	5	6	7	8	9
A									
B	6		2	4	5	7	8		1
C	2		6	8	7	4	1		5

下面是一个唯一矩形删减法的实例,我们观察 E4 格,可以看到,若其为 8,那么就有可能和 F4、E7、F7 形成致命模式,因此这里可以确定 E4 的值是 9,如下图所示。

	1	2	3	4	5	6	7	8	9
D	5	2,6,8,9	2,9	4	8,9	3	2,7	2,6,7	1
E	2,3	2,3,6,8,9	2,3,9	8,9	1,8,9	7	5,8	2,5,6,7	4
F	7	4	1	5,8	2	6	5,8	3	9

唯一矩形删减法是相当有用的高级技巧,需要注意的是不要因为太想要见到"疑似致命模式"而误判。

6. 关键数删减法

在解数独题的时候,一般先使用直观法来确定方格中的数字,如果无法确定,再使用上述删减法,当然,偶尔也可能出现删来删去仍然毫无头绪、头脑发热、一筹莫展的时候,这种时候就需要用到关键数删减法。关键数删减法在某种程度上来说类似于余数测试法,只不过它并不先假设某一格子内的数字为几,而是通过关键数的比对来寻找答案。

在解谜的后期,很多数字都是环环相扣的,牵一发而动全身,这时候,包含有某个数字的方块将会形成泾渭分明的两大阵营,下图以某残局中的数字 3 为例说明如下。

	1	2	3	4	5	6	7	8	9
A	2	1	4	3,5	3,5,8	6	3,5,7,9	5,7,8,9	3,5,7,8
B	3,5,6,8	3,5,6	7	9	1,3,5,8	2	1,3,5,6	1,5,8	4
C	3,5,6,8,9	3,5,6,9	3,5	4	1,3,5,8	7	1,2,3,5,6	1,2,5,8	3,5,8
D	5,6,9	5,6,9	1	8	7	4,5	4,5,9	3	2
E	3,5,7	3,5,7	2	6	9	3,4,5	1,4,5,7	1,4,5,7,8	5,7,8
F	3,5,7,9	4	8	3,5	2	1	5,7,9	5,7,9	6
G	4	2	3,5	7	3,5	9	8	6	1
H	3,5,7	3,5,7	9	1	6	8	2,4	2,4	3,5
I	1	8	6	2	4	3,5	3,5,7	5,7	9

注：■ 为 40% 的灰；■ 为 60% 的灰。

不难发现，上面使用了不同深浅的灰色来标示单元格，候选数 3 要么出现在 60% 灰的格子，要么出现在 40% 灰的格子，但不会同时出现。这时候我们会看到右上角 A9 格中的候选数 3 无论出现在哪种格子中，都会造成冲突，这时就可以将 A9 格中的候选数 3 删除。H1 中的数字 3 也是同样的情况。

这种方法也就是所谓的关键数删减法，由于它使用了颜色来区分阵营，因此国际上也将这种方法称为颜色法（Coloring）。

练习题

2-3-1 使用二链匹配删减法删去多余候选数。

	1	2	3	4	5	6	7	8	9
A	6	9	3,7,8	2	5,7	3,5,7	3,7,8	4	1
B	2	3,7,8	4	1	6	3,7	5	9	3,7,8
C	1	5	3,7	8	4	9	6	2	3,7
D	3,4,7,8	3,7,8	5	7,9	2,7,8,9	6	1	3,7	2,3,4,7,8
E	7,8,9	6	2,7,8,9	3	1	4	7,8	5	2,7,8
F	3,4,7,8	1	2,3,7,8	5	2,7,8	2,7	9	6	2,3,4,7,8
G	3,7,9	4	3,7,9	6	3,7,9	8	2	1	5
H	3,7,8,9	3,7,8	1	7,9	2,5	2,5	4	3,7	6
I	5	2	6	4	3,7	1	3,7	8	9

2-3-2 列出候选数，寻找符合 *XY* 匹配条件的组合。

	1	2	3	4	5	6	7	8	9
A	9	3,8	1,3,6,8	2	4	1,3,7,8	5,7	5,8	5,6,8
B	4,7,8	5	4,8	6	9	7,8	2	3	1
C	1,3,6,7,8	2	1,3,6,8	1,8	5	1,3,7,8	4,7	9	4,6,8
D	1,4,6,8	9	1,4,5,6,8	7	1,6	4,8	3	2	4,5,8
E	1,4,8	4,8	2	9	3	5	6	1,4,8	7
F	1,3,4,6,8	7	1,3,4,5,6,8	4,8	1,6	2	9	1,4,5,8	4,5,8
G	4,8	6	9	1,4,5	2	1,4	1,4,5,8	7	3
H	5	1	3,4,8	3,4	7	9	4,8	6	2
I	2	3,4	7	1,3,4,5	8	6	1,4,5	4,5	9

2-3-3 列出候选数，寻找符合 XYZ 匹配条件的组合。

	1	2	3	4	5	6	7	8	9
A		9	2			1	7	5	
B	5				2				8
C						3		2	
D		7	5			4	9	6	
E	2				6			7	5
F		6	9	7				3	
G			8		9			2	
H	7					3		8	9
I	9		3	8				4	

2-3-4 列出候选数，寻找符合 WXYZ 匹配条件的组合。

	1	2	3	4	5	6	7	8	9
A							8		9
B			8			5			
C		6		1			7		2
D						3			4
E		7			4			8	
F	1	4		2			6		
G	3		4			6		1	
H		2		5			4		
I	6								

2-3-5 利用唯一矩形删减法找出 B1 的值。

	1	2	3	4	5	6	7	8	9
A	1	8,9	6	5	7	2	8,9	3	4
B	3,8,9	7	2	6	3,8	4	1,8	1,8,9	5
C	3,8	4	5	1	3,8	9	6	2	7
D	2	3,6,9	1,4	3,9	1,4	6,8	5	7	8,9
E	7	3,9	1,4	3,8,9	2	5	1,8,9	1,4,8,9	6
F	6,9	5	8	4,9	1,4,6	7	2	1,4,9	3
G	5	1	9	4,8	4,6	3	7	6,8	2
H	6,8	2	3	7	5	1	4	6,8,9	8,9
I	4	6,8	7	2	9	6,8	3	5	1

2-3-6 使用关键数删减法删除多余候选数。

	1	2	3	4	5	6	7	8	9
A	1,8	1,3,7	1,7,8	4	9	6	2	1,3,8	5
B	5	1,3,6	1,2,6,8	2,3,8	7	1,2	9	1,3,6,8	4
C	4	9	1,2,6,8	2,3,5,8	1,2,3	1,2,5	1,6	7	1,3,6,8
D	9	1,6	5	7	8	4	3	2	1,6
E	7	8	3	2,5	1,2,6	1,2,5	1,6	4	9
F	1,6	2	4	9	1,6	3	8	5	7
G	1,6,8	4	1,6,8	2,3	2,3	7	5	9	1,8
H	3	1,7	1,7,8	6	5	9	4	1,8	2
I	2	5	9	1	4	8	7	3,6	3,6

第3章

解谜思路

在前面两章我们介绍了解数独谜题的一些技巧,但是在实际的解谜过程中,很多时候都很难清楚地描述具体的步骤或者所用的方法,因为解数独谜题是一个动态的、全局的过程,有时,仅仅确定了一个方格的数字,就能够牵一发而动全身地找出一大半答案,但有时,放眼望去都是无法确定的数对数集。

该采用什么方法、怎样的顺序来解数独谜题,并没有一成不变的规则,本书中所介绍的技巧也仅仅包括了绝大多数,仍旧会有新的技巧不断地被发现,也会有旧的技巧被总结、归并、提升。因此没必要贪大图全或是拘泥于一次性掌握所有,而应该在大量的练习之下形成自己独一无二的习惯或风格。一般来说,拿到一个数独谜题，首先是寻找唯一解，然后综合运用直观法依次排查，尽量在初期就把能够确定的解全部找出来，然后再进一步根据所确定的数字寻找新的解，直到完全解开谜题或者进入到需要使用高级技巧判断的局面。要记住直观法是最基础、也是最重要的解题技法，切不可本末倒置，将候选数法作为第一选择。在挑战中高级及以下难度的数独谜题时，即使出现不知如何下手的情况，也不要轻易采用"笨办法"去标出所有候选数再排查，更不要依赖有些软件的辅助手段。这样不利于锻炼逻辑思维能力。一般来说，格子中的候选数小于4个，才有标注的意义。

玩数独游戏，既是消遣也是锻炼，只要多加练习，就必然能有所提高，一开始的时候不要过分追求高难度的谜题，才不致半途而废或是走火入魔。只要有足够的耐心，循序渐进，在解题的过程中熟记规则、掌握技巧，再到发现规则和总结技巧，最终便可形成自己的风格，达成"无招胜有招"的境界。

一、强弱链

"链"是数独游戏中一个相当有用的概念，也是高级技巧的核心。在这之前介绍的一些高级技巧，归根到底，使用的都是链的技巧。甚至可以说，任何一题数独都可以只用"链"推导出答案。

和中高级技法一样，链是对候选数的观察和总结，它表示两个方格之间的关系。当某行、列或者宫中某个候选数只出现了两次，那么这两个候选数所在的方格就构成强链，比如下图中的数独题面中就存在很多强链，例如同宫的 B2 和 C1，同行的 B2 和 B7 等。

	1	2	3	4	5	6	7	8	9
A	7	9	8	4	5	2	3	1	6
B	6	4,5	3	7	8	1	4,5	9	2
C	4,5	1	2	6,9	3	6,9	8	7	4,5
D	3	7	1,9	2	6	5	1,9	4	8
E	8	2	5,9	1	4	3	7	6	5,9
F	4,5	6	1,4,5	8	9	7	1,5	2	3
G	9	8	5,6	5,6	1	4	2	3	7
H	1	3,4	7	3,6,9	2	8	4,6,9	5	4,9
I	2	3,4,5	4,5,6	3,5,6,9	7	6,9	4,6,9	8	1

对于形成强链的某个候选数，它在强链的两端必然只能出现一次。换句话说，某个候选数在强链的两端必然是一真一假，非真即假。

与强链相对的是弱链，是指某个候选数在某行、某列或者某宫出现了 3 次或者 3 次以上。在这种情况下，当某个方格为真，那么其余方格为假；而当某个方格为假，则不能确定该数字在其余方格的真假。例如，上例中的 H 行，9 出现了三次，故 H4、H7、H9 形成弱链。

强链与强链共同作用，使我们可以很轻松地排除掉其共同作用的方格里面的相应候选数，例如，上例中，候选数 5 在 B2-B7、B2-C1、C1-F1 都形成了强链，由强链两端必为一真一假可以确定，F7 和 F1 以及 B7 之间的强链关系均不存在，也就是说 F7 方格不可能是 5，如下图所示。这也可以用前面介绍的关键数删减法来判断，结果是一样的。

	1	2	3	4	5	6	7	8	9
A	7	9	8	4	5	2	3	1	6
B	6	4,5	3	7	8	1	4,5	9	2
C	4,5	1	2	6,9	3	6,9	8	7	4,5
D	3	7	1,9	2	6	5	1,9	4	8
E	8	2	5,9	1	4	3	7	6	5,9
F	4,5	6	1,4,5	8	9	7	1,5	2	3
G	9	8	5,6	5,6	1	4	2	3	7
H	1	3,4	7	3,6,9	2	8	4,6,9	5	4,9
I	2	3,4,5	4,5,6	3,5,6,9	7	6,9	4,6,9	8	1

使用链的技巧来判断，省去了比对阵营的过程，不仅能使解题速度提高，同时还能纵观题面上的所有方格，不管两个方格之间距离多么遥远，使用链，就能发现他们之间的逻辑关系，进而判断出真假。

二、相对概率

在解谜的过程中，有些时候不可避免地要使用"猜"这样一种碰运气的举动。如果运气好一猜即中当然可以顺利解谜，但一旦猜错，免不了要走弯路，甚至有可能出现思路混乱。因此若要使命中率提高，就需要用到相对概率这个概念。可以通过比较几个数字出现的相对概率来决定先测试哪个数字，一般来说，相对概率越大，该数字是正确解的可能性也就越大。

计算相对概率，首先要计算该数字在宫中的概率以及其在行列中的概率。

如果某个宫内有两个方格中可能出现某数字，例如下图中宫中候选数仅在 A3 和 C3 中出现，其中 C3 中的候选数是 1、4、5，A3 中的候选数是 1、9。

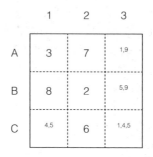

	1	2	3
A	3	7	1,9
B	8	2	5,9
C	4,5	6	1,4,5

可见，数字 1 在 A3 的候选数中占 1/2，在 C3 的候选数中占 1/3。那么这时就可以说，数字 1 在 A3 概率是 $1/2 \times (1-1/3) = 1/3$，而在 C3 出现的概率是 $1/3 \times (1-1/2) = 1/6$。

行出现的概率和列出现的概率与九宫格出现的概率的算法原理相同，此处就不再赘述。对于某个方格中的某个候选数，我们可以分别计算其在宫、行和列中出现的概率，然后把这 3 个概率相乘就是相对概率。

练习题

3-1 初级数独谜题。

（1）

	1	2	3	4	5	6	7	8	9
A	7	5	2	6					1
B	6	1	3		9	5			7
C	4	9	8			7	3		6
D	5	3		4	6	8		2	
E			4		1	2	5		
F	8			7	5				
G	2		5	9	3		1		
H	1		6	2			9		
I	3	8	9	5			4	6	

（2）

	1	2	3	4	5	6	7	8	9
A		5	3	9	2	4	1	6	
B	9		1	5		6		2	3
C	4	2	6	7		3			
D	7			1		9	6	5	
E		1		3			9		4
F			9		5				1
G		8	5				7		
H	1	9	7	6					8
I	3	6	4	2			5	1	9

（3）

	1	2	3	4	5	6	7	8	9
A			2		6	1	8		3
B		6	5		3	2		1	
C	1	7	3			4			
D			6				5		
E		5	1			8	7	4	
F	9		4	2		7	6		1
G	5	4	8	1		9	3	7	6
H	6		9	8		5	1		
I	2			3		6	9		5

（4）

	1	2	3	4	5	6	7	8	9
A				4				9	7
B	1			2	9	8	3	6	4
C			5	2	6			1	3
D		2	6				9	4	
E			1	3	5	9	7	2	
F	6			4	2	3	5		
G	7				9	4			2
H	8				2		6	1	9
I	2	9	6		3	8			5

(5)

	1	2	3	4	5	6	7	8	9
A					3		4	6	7
B			6	7	2		5		3
C	7	3	5	4					1
D			3	1	6			4	8
E			7	3	4				
F	8	1	4	9	7	2			6
G			9	2	1	4	8	7	
H	5	7		6	9			2	
I	1	4		8			6	3	

(6)

	1	2	3	4	5	6	7	8	9
A		4					9	7	1
B	3	1					6	5	8
C	7	8	5			9			4
D	8		4	1				6	9
E		2	3	8			7	1	
F	1		6	9	2	7	8		
G				2		5		1	9
H	5			3		6			2
I	2		8		9	1	5	3	7

(7)

	1	2	3	4	5	6	7	8	9
A			6			7	5	3	
B	4	5	2	9	6			7	1
C	3		9				2	4	6
D	9	3						5	
E	6		7	5	8	4		1	
F	8			7	3		4	6	2
G	2	6	8	4		5	3		
H	7		1		9	8	6		5
I	5				7				

(8)

	1	2	3	4	5	6	7	8	9
A		6	5		4	9			3
B	9	4	1					5	2
C	8	3	2	1	5	6			7
D		9	3	4		5		2	8
E		1	7	8		3		9	5
F		5	8	7			3		
G			6	5				1	9
H		2	9	6		8			4
I	5				9			3	

（9）

	1	2	3	4	5	6	7	8	9
A		5	7		9		6	4	8
B			1		6			7	2
C	6			4	7				9
D	1				2	4	7	3	6
E				9	5	7			1
F	7		8	6	1		4	9	5
G	5		6					2	3
H	2		9	7		6	1		4
I		8		5			6	7	

（10）

	1	2	3	4	5	6	7	8	9
A	4		6		1		7	2	
B		9	3	7	8	2	4	5	6
C		2			9	4			8
D	8		2	4					
E	6		1		5		8	7	
F	9			8	3		2		
G	7	4	5				1	8	2
H	3				2		5		7
I	2	1		5		7		9	3

（11）

	1	2	3	4	5	6	7	8	9
A		6				8		5	9
B		8	9		5			1	6
C	1	2		7		9		4	
D	2	9				5		6	8
E			1	6			2	4	
F		3	6	8		2		9	
G	7		8	9		6	4		5
H	6	5		4			9		2
I	9	4		5	3		6		1

（12）

	1	2	3	4	5	6	7	8	9
A	2		4		9				3
B			7	4	3			5	6
C		3	5			2			9
D		9			7	4	8		
E		2	3		5		1		
F	5	7	8	3	1	6		4	
G		5	9	1			6	2	
H	8			9	2	3			4
I	7	4	2	5	6		3		1

(13)

	1	2	3	4	5	6	7	8	9
A	9			5		3	2	4	
B		6					9	5	
C			2	6			7	3	
D		2			6	7	5	8	3
E			5		1	2		9	4
F	6			8	9		7		
G	4	5		7	3			2	9
H	2	9	8	1	5			6	7
I	7			9	2		4	1	

(14)

	1	2	3	4	5	6	7	8	9
A	8	7	3	4	2			5	1
B			6	9			7		
C	2				1	5	8	6	
D	9	5	1			4	3		
E	3	2	8		5	7			6
F		6	7		9		1		
G	6	4		3		9			
H	1	3	9	6	7		5	8	4
I		8	2						9

(15)

	1	2	3	4	5	6	7	8	9
A	7	2				6	9	8	1
B	5	9		8	2	7		4	6
C				9	1	4		5	
D	9			4			7	3	
E	3	6		7	8				2
F	4	1	7		3	5	6		8
G	8	4			3	1	2		
H		5	3				7	6	
I		7	6						4

(16)

	1	2	3	4	5	6	7	8	9
A	5	4	2	8	3	7	6	9	
B			9	4	2			5	7
C			8		9			4	2
D		2	3		5	1	7	8	
E	8	6	4			7	3		5
F		5					9	3	
G		3			4	9	8		5
H		9	5						7
I	7		6			2		4	9

(17)

	1	2	3	4	5	6	7	8	9
A	7	9			2				3
B		8	6		3	9	2		1
C		2	3		5	8		4	9
D		3	8		7		1		5
E					1	4	7	2	
F	2	7		9	8	5	3	6	
G	9	1	7	5			8	3	
H		4	5		6	7			
I		8		2		3			

(18)

	1	2	3	4	5	6	7	8	9
A	5	3	6		2	9		7	8
B		1			6	3		5	
C	9	7	4	1				6	
D	7		9	2	8	1		4	
E	4		3	5		6		1	
F			1	3				2	
G	8	9	5				2	3	1
H	1								6
I		6	2	9	1	5	4		7

(19)

	1	2	3	4	5	6	7	8	9
A	3	6						7	
B	7		8		1	2		3	4
C	9		2	3	7		6		5
D				1			8	3	
E	8			4	3	6		5	
F		3		7	8		4	6	1
G		9		2	5			3	4
H	5		4		6			9	7
I			8	3		7	5	2	6

(20)

	1	2	3	4	5	6	7	8	9
A		5	6	2	4			8	7
B	7	3	2	8	1				
C			7				2		3
D	6			3	7	2	9	4	
E	4				8		3		
F	3	9		5	6		8	1	2
G	5	8		4		7	6	3	
H	2			1					9
I			3	6	5	9		2	8

(21)

	1	2	3	4	5	6	7	8	9
A	6	1	3		5		2		7
B	8		4		6			1	9
C		5	7				8		
D	3		2		1		8	9	
E		4	6						1
F	1	9			7	6	4		2
G			9		2			6	5
H		3		6	8	9		2	4
I		6	1	5		4	9	7	8

(22)

	1	2	3	4	5	6	7	8	9
A	1		8	7	4	9	5		3
B			9			8		4	
C		4	7	3				8	9
D		7		9	5	4			8
E				8	6	2	9	5	
F	8	9		1		7	4		
G	4	8		5			2	1	
H			1			6	3	7	
I	7	2				1	6	8	5

(23)

	1	2	3	4	5	6	7	8	9
A	3	8			1	6		4	7
B		1			4		8		6
C	6		4		5	7		3	
D	8	2	6		3	4			5
E	5	7		2					4
F				7	6	5	3		
G	2	5	7			1	4	8	
H	4	6	8	5	2	3			
I	9		1			8		5	

(24)

	1	2	3	4	5	6	7	8	9
A		6				2		1	9
B		9	3		6		8	5	
C	8	2		5	9				3
D	5		8						6
E	9	1	2	6	4	3	5		
F	3	7		1	5		2		4
G	4	5	9	8		6	3		1
H	2	3				4	6		
I		8	1			5	9		

| 第 3 章 | 解谜思路 |

（25）

	1	2	3	4	5	6	7	8	9
A			8	5	7	3		1	
B	3		7	2	6	4	9		
C			6	9		1	3	4	
D					4		1	8	9
E		4		8			6	2	5
F	9	8		1			4		3
G			4	6	1	9	7		2
H					2		8		4
I		7		4	3	8	5	6	

（26）

	1	2	3	4	5	6	7	8	9
A						7	1	3	9
B	4					8	2	5	7
C			9	2	3	5			
D			8	7		9	5	6	
E			7			2	8		
F	5	2	1	3		6	9	7	
G	8	1	3	9		4	6		5
H		6	2	8		3	7		1
I	7	5					3		8

（27）

	1	2	3	4	5	6	7	8	9
A	1	2					5		
B	7	9	3	6		4			
C	4	6		8					9
D	5	1	4						8
E		7	2	3	8		1	6	
F	8	3	6	1		9	2		5
G	3		1	4			9		
H	2		9			7	6	8	
I	6	8	7	9	1	2	4		

（28）

	1	2	3	4	5	6	7	8	9
A		7		5	4	8		3	1
B		8	4	2	1		5	7	6
C	9	1	5	6	7		8	2	4
D	7		9	1	6	2	3		
E			8		9		4	6	
F			2						7
G			1		3				5
H	8			7				1	9
I		9	7		2	1	6		

（29）

	1	2	3	4	5	6	7	8	9
A	9			4			5		
B	4	8	6	2			7		1
C	1	2	5	7	3	6	4		
D	7		1		9		6		
E	5		2	6	1		9		7
F	8		9						4
G	6				2	3	8		
H	2			5	6	8	3	4	9
I	3				4	7	1		6

（30）

	1	2	3	4	5	6	7	8	9
A	9	2	5		3		7	6	8
B		8	6		9	7			3
C	1			8	6		9		5
D				3	4	9	6		7
E			9	2		1	5	8	
F	7		2		5				9
G	6	9	4		1				2
H	8	3	1		2	5	4		6
I						6			1

（31）

	1	2	3	4	5	6	7	8	9
A	8			6	2	9		5	4
B			5	8		4	3		6
C	4		6		1	3	8		2
D	2		9		6	7	1	4	
E			4	2	5	8	9	3	
F	7			9			6		
G	3	4		7			2		9
H	5			1				7	
I	6				3	2	5	8	

（32）

	1	2	3	4	5	6	7	8	9
A	7				3	4	6	5	8
B			8						2
C	2				9				
D	8	3			7			2	5
E	1	9		5	6	3		4	7
F	4	5	7	8		1		6	
G		7	4	3		2	5		
H	6	2	3	7			9	1	4
I		8			4	6	2		3

（33）

	1	2	3	4	5	6	7	8	9
A		7	2	5		9			6
B		6	9	4		3	8	7	5
C		5			1	9		3	
D	5	9	1		4			3	7
E			6		1				
F	7	8	3		6		4		
G	6	1	7				3		8
H		2	5		3	8	7	6	
I			4	7	9	6		5	

（34）

	1	2	3	4	5	6	7	8	9
A	8	3						9	
B	7	9							8
C	5	4	1	9	3			7	2
D		2	9	5				3	6
E		5	7	4	9		2	8	1
F	3	8				1			9
G	9	6	5	7	1	2			3
H	2	1		3		4			7
I	4	7	3		6				

（35）

	1	2	3	4	5	6	7	8	9
A		2	3	9	6			5	4
B		5	6	1				2	
C		7		5				8	3
D		8		4		9			1
E	9	4	7	3			5	6	2
F	2								
G		1		6	7	3		9	8
H	7	9	4	8	1	5		3	
I		6	8	2	9	4			5

（36）

	1	2	3	4	5	6	7	8	9
A		3		9	6	8		1	2
B	6		9	5		2			
C	1			3	4				
D	3	4	1	8			9		7
E	8			7			3	5	
F		5	7	1			6	8	
G		6	3			9	1	7	5
H	9	8		6		1			3
I	7	1		4	3		8		9

（37）

	1	2	3	4	5	6	7	8	9
A		7				2	8	1	
B	2	8				3	4	7	9
C			9		8	7	5	2	6
D	3						1	9	
E					2		7	8	
F		9		5	7		6	3	
G		5		6	9		3	4	
H	9		6	7	3	4	2	5	8
I				2	1		9	6	7

（38）

	1	2	3	4	5	6	7	8	9
A		8	7	9	4	2			1
B	6			8		3	4	7	9
C			4		6	1	5		2
D		5	9	3	2	4			
E	2		8	6					
F			3	1					5
G		1	2	4					6
H		7	6	5		9	1	2	8
I	8	3	5	2				9	4

（39）

	1	2	3	4	5	6	7	8	9
A	3			1			7		
B	6	8			7	4	1	5	
C	4			3	5	8		2	
D	8	9		6	2			3	7
E	5	6				3	8	1	4
F	7	1		8			6		
G					3				9
H	2	4		9	1	6		8	5
I	9	3	6	5	8			7	

（40）

	1	2	3	4	5	6	7	8	9
A	7		6		1			8	
B		2			8	3			
C		8		2	7			1	3
D	5	7	2					3	1
E	6	4	3	1	9		8	5	7
F		1	8	3	5				
G	8		4	9	2			7	5
H		9		6	4		1	2	8
I		5		7			4		6

（41）

	1	2	3	4	5	6	7	8	9
A	9			6	5	7	4		3
B			5	4		3	7		8
C		7	3		8		6		
D			6		7	1	8	5	4
E		3	8				1	6	2
F		1		8	2	6	9	3	
G			2		3		5	8	
H				2	6		3	7	
I			7	9	1	8	2		

（42）

	1	2	3	4	5	6	7	8	9
A		4		5	2	6	3		
B	2			7			6		4
C			7	9	4	3	8		2
D		9	8		7				3
E	3	7	2	8	6	1		4	9
F	6		1	4	3	9			
G	9	8		3	5	2			1
H				1		7	9		6
I		1			9		2		

（43）

	1	2	3	4	5	6	7	8	9
A				9			1		
B	5	2		8	3	1	7		
C		9	7	4	2	6			3
D	6	3	8	7		2			5
E	7			5		4			
F	2	5		3		9			1
G		4	5		7	3		6	2
H			2		9		8	1	4
I		6			4	8	3	5	7

（44）

	1	2	3	4	5	6	7	8	9
A	6			8		5	4	7	
B	1	7	8	4	9	3	6	5	
C		4	5	6		7		1	
D	7	8		2				6	5
E		1	2	7	5		3	4	
F			6	1		8	2	9	7
G			4	5		2			
H						1	5	8	
I		3	1				7	2	

(45)

	1	2	3	4	5	6	7	8	9
A	9	2		4	5		8		6
B	4	3	7		2	6	5	1	9
C			6	9	3			7	4
D			9	7	1		6		
E		7	5	2	6			8	
F	6	1			9			2	
G		6			7				
H	7	9		3		5			2
I	1		3		4	2		9	8

(46)

	1	2	3	4	5	6	7	8	9
A		5		2	9	3		7	6
B					4	1		3	
C				5			2		
D		8			3		5		7
E		3		8	7		4	9	1
F	7	4	2	1	5		6		3
G	2			9	6		3		
H	4	9	5	3	1		7	6	
I		6	8	7	2	5			4

(47)

	1	2	3	4	5	6	7	8	9
A		6	8	7			1	4	9
B		5				3		2	8
C		9		6	8		3	7	5
D	4	1	2	8	7		5	6	
E			6		3	5	2	9	4
F	5						7	8	1
G							4	5	6
H	9		1		2	6	8		
I	6				4	8		1	

(48)

	1	2	3	4	5	6	7	8	9
A	1					9	7		
B		7	3	6		1	9		8
C			2	7		8	5	6	1
D	7	1	9				3	5	2
E				1	7	2			
F		2	8	3	9	5	4		
G	8		4				2		5
H	2	9	7	5	8		1		6
I			1				8	9	4

(49)

	1	2	3	4	5	6	7	8	9
A		9				6		8	
B		5	6	4	9		2	7	1
C	8		7	2	3		6	9	4
D	6			7	5	1			9
E					8		1		6
F	1		5		4		7		3
G	9		1		6			3	2
H	4		3		1	7	9		8
I					2	3	4		7

(50)

	1	2	3	4	5	6	7	8	9
A		3		4		2		7	
B	1	7				9	5	4	2
C							3	9	6
D	8	5		2			9	3	4
E	3						6		5
F	4		9	5			7	2	1
G	5	8	4	3			2	6	9
H			1	9	4		8	5	3
I			3		2		4		7

3-2 中级数独迷题。

(1)

	1	2	3	4	5	6	7	8	9
A	3								
B		4	7						5
C	8					9	1	3	
D	2								7
E		7				8			
F			6						
G				8				2	
H	5	8		6		1	9		
I	9	6		2		5	4		

(2)

	1	2	3	4	5	6	7	8	9
A			5	6				9	
B				2				8	4
C					3			7	2
D				4		7			
E			6					3	
F								6	5
G	8		3			4			1
H	4								8
I	9	7			5				6

（3）

	1	2	3	4	5	6	7	8	9
A								8	
B			5				3	2	
C					1	6			4
D			3	7	4	5			
E		5	4		2				
F				3					
G			8		5		7	3	
H	2		7	9					
I				1	3			9	

（4）

	1	2	3	4	5	6	7	8	9
A	3				2				
B	5	1		7					
C		6	8					3	
D						8	6		
E			2	4			1	8	
F			1	9				2	
G	1			6	9				
H		7		1	8			4	
I							5		

（5）

	1	2	3	4	5	6	7	8	9
A					1	6			
B			3						
C	2		7			3	4		
D		4							2
E	1	6					8		
F				4			9	6	7
G					2	8	1		
H	5				4		2		3
I	9				5				

（6）

	1	2	3	4	5	6	7	8	9
A	1	9			7	5			2
B					9				5
C			8						
D									
E		6	9	1					
F			5	4				6	7
G				3				2	
H	5	8			1			3	
I	4	7			6			9	

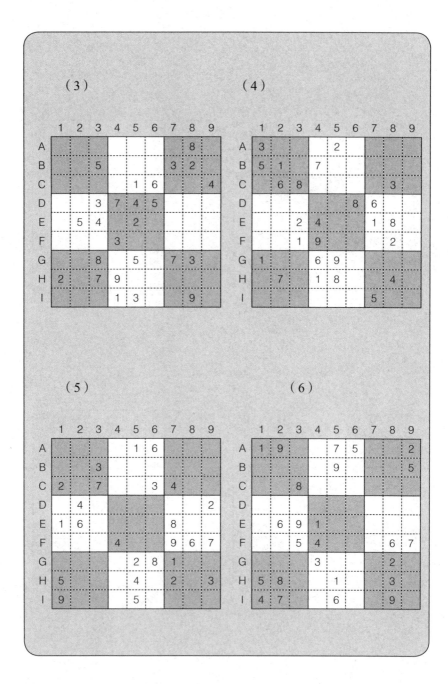

(7)

	1	2	3	4	5	6	7	8	9
A	4			7	1			6	
B	8			2					
C	1			5	6	8		3	
D							9		
E				1	3				
F				4		5			
G	9		4						1
H	3				2		4		
I			6		4		7	8	

(8)

	1	2	3	4	5	6	7	8	9
A		1					8		3
B	7								
C	4	8					1	7	9
D						7			
E	3	4						8	5
F		9				5		4	
G				7	6	9			4
H				2					
I			9	3			2		1

(9)

	1	2	3	4	5	6	7	8	9
A							8		
B	9				3		1		
C	3		7	1					9
D	1		5						
E				5			3		
F		3	4	9	6				
G				2					
H		7	1	6		9			4
I	5	6	2			1			

(10)

	1	2	3	4	5	6	7	8	9
A						9			
B					5	4		3	
C	6		8						
D			5			3	8		
E					6	1		7	
F		1		4	9			2	
G	1	6							
H			2		8	6	9		
I	9				7	2			

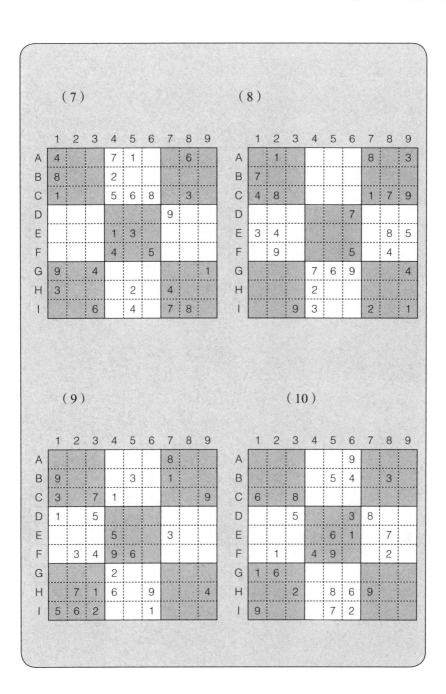

（11）

	1	2	3	4	5	6	7	8	9
A					7				
B	1				2		3		
C		4		1	8	9			
D		9	7	4	1		6		
E			2			3	1	8	
F		1							7
G		6							9
H			5						
I				6			7		8

（12）

	1	2	3	4	5	6	7	8	9
A		3	8		6				
B	9					2			7
C					7	1	8		6
D				3			7		5
E	6			1					2
F					2				
G	1					8	6		
H			4		9	5			
I	2		6						

（13）

	1	2	3	4	5	6	7	8	9
A		1	3		2			9	
B		4					6	7	3
C		6				4	5		
D				8	4	3			
E			6						
F				7			1		
G				6	9				4
H							8		
I	4	2				8			9

（14）

	1	2	3	4	5	6	7	8	9
A	5						9		
B			6			5	3		8
C		3	7						
D		6				1		4	
E	8								
F			1	2					
G		1		8				3	
H			9		7		8		
I	7		4			9		1	5

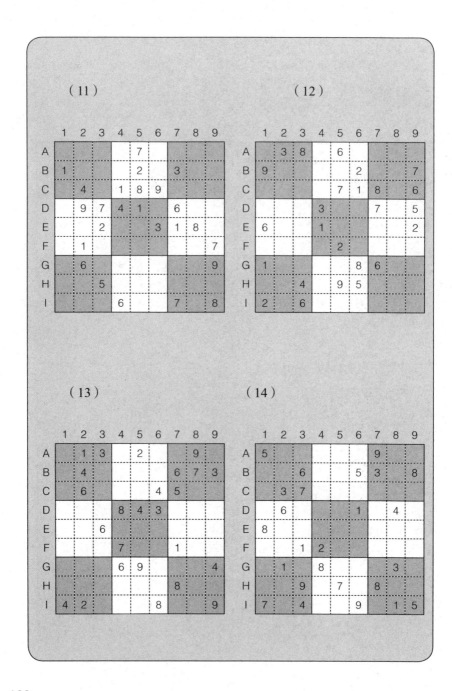

（15）

	1	2	3	4	5	6	7	8	9
A								6	
B	8		9					3	
C			3		9			5	2
D		1						2	
E	5	9	8					4	7
F	7	4					3		6
G					6				5
H		8		7					
I	4		5	3					

（16）

	1	2	3	4	5	6	7	8	9
A		9			8			7	
B					5				
C		5	2		6	9	1		
D	8							3	
E		1		6					
F			9		7	2			
G			5	8				6	
H					4				7
I	9		1			5		2	

（17）

	1	2	3	4	5	6	7	8	9
A		6	4	8			7		
B						5	2	6	
C				9		4			
D		8				3		7	2
E		1							
F	6	2			4		3	5	
G		5				7		9	
H									
I		7	3			8			

（18）

	1	2	3	4	5	6	7	8	9
A	3	2			4			7	
B			7				2	6	
C		4	5		1				
D		8		7					
E					9	5		8	
F				6		3			
G							5	4	
H	5						3		
I	4	1		3		9			

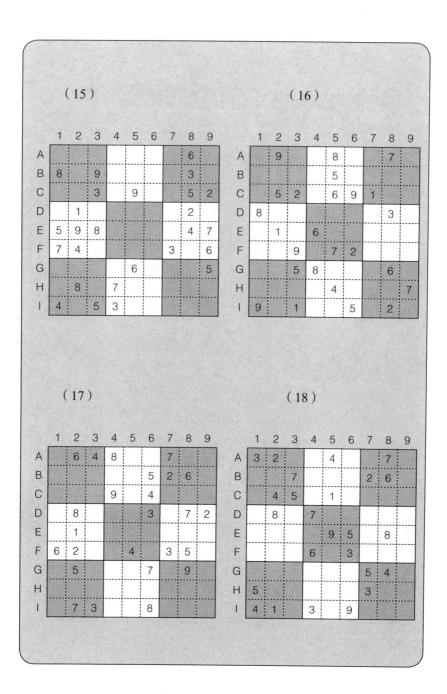

(19)

	1	2	3	4	5	6	7	8	9
A	7					8			
B	6							4	3
C	4	1	5				6		
D					2				
E		5						6	2
F			3			7	5	8	
G	3			1			8	7	
H		4		3			1		
I							9		

(20)

	1	2	3	4	5	6	7	8	9
A		2	9			1			
B		5				4		3	
C					8	7			
D			7	9					3
E				3	7			2	
F	6		3					4	5
G			8						7
H		4	6					9	
I				1			6		

(21)

	1	2	3	4	5	6	7	8	9
A							4		
B	1	3	6	9					
C		2					9		5
D	6			4				3	
E	4	9		2	5		1		
F				3					8
G	2						3	5	
H	5		7						
I			8		6				

(22)

	1	2	3	4	5	6	7	8	9
A	5				3		6	9	
B	4			5					
C			3	6				7	5
D				2				1	
E	8	5							4
F									9
G							9		
H					4		2	3	7
I	2				8	7		4	

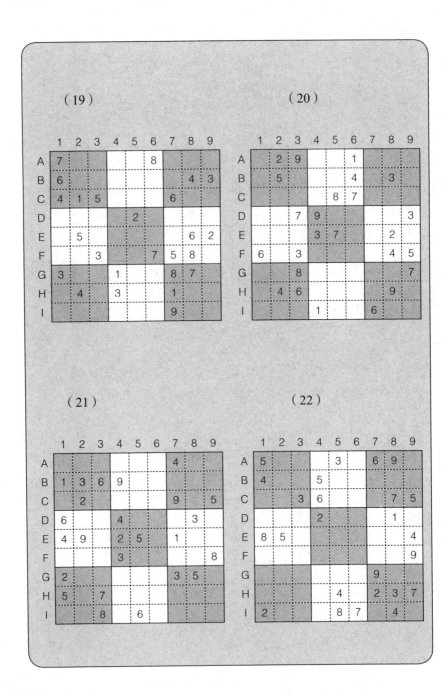

（23）

	1	2	3	4	5	6	7	8	9
A		7	6	9	5				
B									
C		8			3		1		
D			2			6		3	
E		1				8	5	9	
F	9							8	
G	3	4	8						
H	2								
I						4			

（24）

	1	2	3	4	5	6	7	8	9
A	6	3				4			
B		1					9		
C	2	8							
D				4		2	8		
E	5	7			6				
F		9			3			4	6
G				8				7	
H				1		5		8	
I					9		5	6	

（25）

	1	2	3	4	5	6	7	8	9
A						3		2	4
B					8			9	
C			9				7		8
D							1		6
E	2			7					
F	1	7							3
G	3								
H	6			5	4				9
I	5		2			9	4	1	

（26）

	1	2	3	4	5	6	7	8	9
A		2		7	1		4		
B		1				6	9		
C		5					1	8	
D	6			9		5			
E								3	
F					6			4	
G	8	9		2					
H				8					
I	1	7	2		4	3			

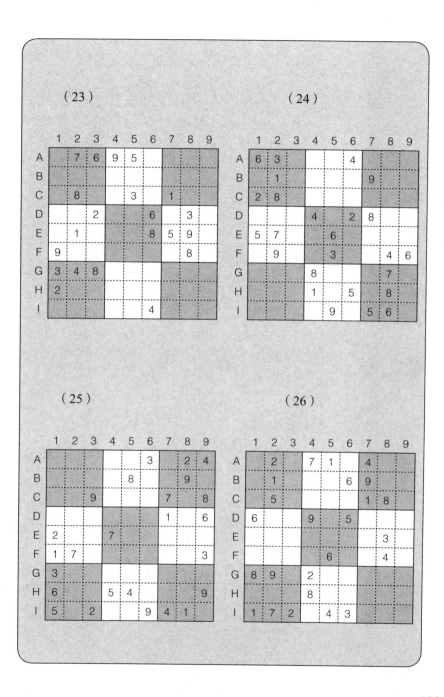

(27)

	1	2	3	4	5	6	7	8	9
A									7
B			3		1			5	
C	5						4	3	2
D	9	2							8
E	6			7					
F								2	3
G		8		4					6
H	3		6		2			9	
I	7	1		8					

(28)

	1	2	3	4	5	6	7	8	9
A		8							
B					5	2	8	6	
C		2			1	4	7		
D							5		
E			8	4			6	9	
F	4	1			9			3	
G		7	1			9			
H				5	3				
I	6			2					

(29)

	1	2	3	4	5	6	7	8	9
A	9	2		4					8
B								2	
C		5							
D		1		5			7	6	
E			7	1					
F				2			1	3	
G				6	4				
H		9	6		7		8		2
I	1	4			8				

(30)

	1	2	3	4	5	6	7	8	9
A							5		
B				9		4		7	3
C		8	3						4
D	2				1	9			
E				5				3	1
F			6					2	
G	5				2			1	6
H		1				3		8	9
I				4					

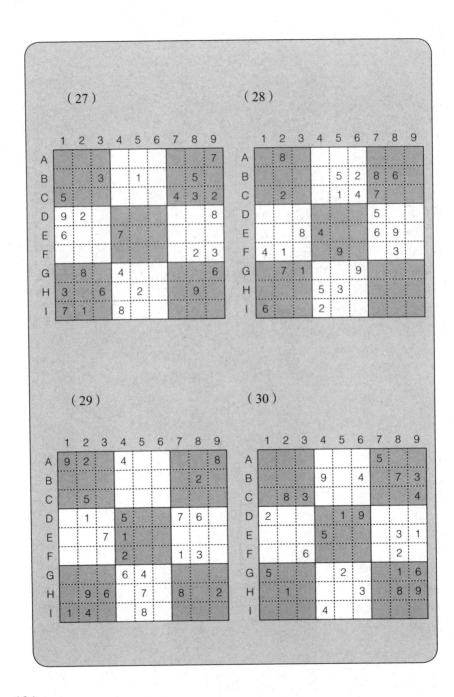

（31）

	1	2	3	4	5	6	7	8	9
A		3				4			
B			4				6	5	
C			2	8	7				
D		7					5	6	2
E						2			3
F	4					1	7	9	
G	8		7						
H	2				6				
I			1				2		4

（32）

	1	2	3	4	5	6	7	8	9
A			7				6		
B				2				9	
C	9		1					5	
D			6		9				1
E		7		1	2	6			8
F			5		7			2	
G		6		3	8				
H		1							3
I			2	4					

（33）

	1	2	3	4	5	6	7	8	9
A					2	1			7
B		8	1		4				
C		7							9
D	2	1	5			7		8	
E	8	4							
F		9			5				6
G				8	3		1	2	
H			3	6					
I						5			

（34）

	1	2	3	4	5	6	7	8	9
A							2		
B									
C					3		1	5	4
D		2	5			3			7
E				9	7				
F	3						4	9	
G			9	8		1	3		
H	1				6	2	8		
I	8		4		9				

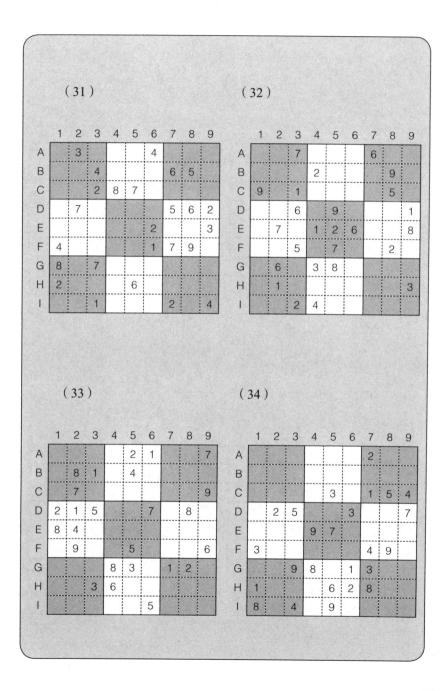

（35）

	1	2	3	4	5	6	7	8	9
A					8				2
B				5	9				3
C			6	3			4		
D							1		
E				6				4	
F	9	7		8				5	
G	6			7		8	2		
H	4								
I	5			4		1	9	8	

（36）

	1	2	3	4	5	6	7	8	9
A				5		3			
B			8						
C	7	3			1		4		6
D						4			1
E			4		3		7		9
F			7		2		8		3
G			2			1			
H		4	3					2	
I				6			1		

（37）

	1	2	3	4	5	6	7	8	9
A							9		
B			2	8		1			4
C	3					7		5	8
D	6			3				9	
E					1				6
F	9					4			3
G		9			4				1
H	8	3			7				
I		6					4		

（38）

	1	2	3	4	5	6	7	8	9
A		2		6	3				
B							9		4
C		8			7			2	
D					6				7
E						3	8		1
F			1			4		9	2
G	1	9						4	8
H	3						5		
I							7		3

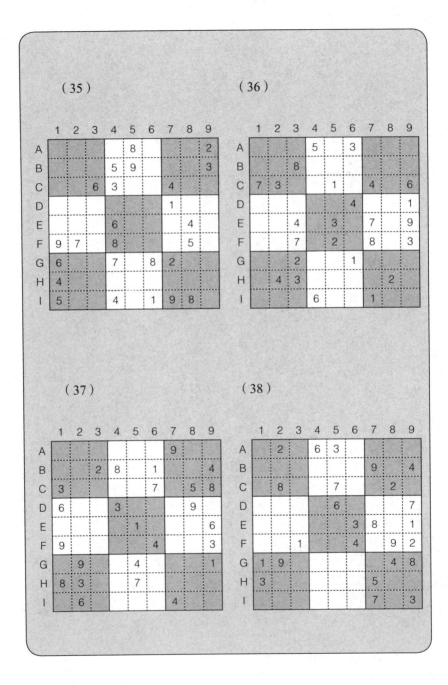

（39）

	1	2	3	4	5	6	7	8	9
A				8					
B	1		7			9			3
C			6	5	7				
D		1		9					
E	5			1				6	4
F		4					5		2
G	8							7	9
H								2	1
I				7	4	3			

（40）

	1	2	3	4	5	6	7	8	9
A			8	7				9	
B		1					2		
C	7			6	5	8	4		
D	3	2						4	
E		4	1		6				
F			9	8				3	1
G									5
H				1	9		7		
I				5					

（41）

	1	2	3	4	5	6	7	8	9
A	1	4	9					5	
B				2		1		9	
C						7	6		
D	3						4	1	
E				6	9		5	3	
F		9							
G		1		8	2				
H			3						
I		8				3	7	6	

（42）

	1	2	3	4	5	6	7	8	9
A	5					8	6		7
B						2			
C	8	2			5				
D			3		9		1		
E								7	
F	2	7			3	4			
G	9			4					8
H					2				
I		6		7	8			1	3

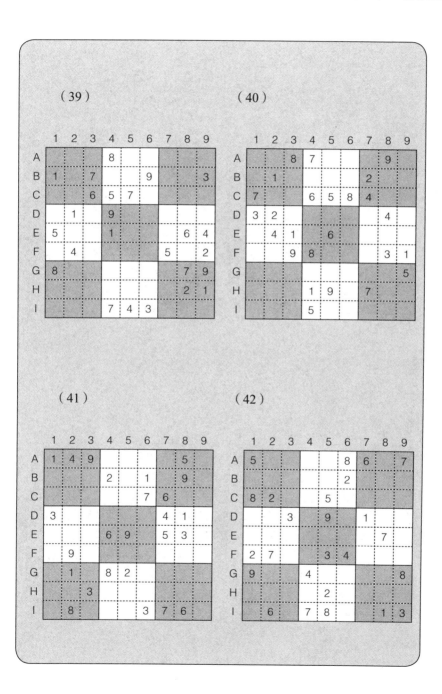

(43)

	1	2	3	4	5	6	7	8	9
A						9			
B			9	6					
C	1	3		5					2
D		2		4					1
E	3		8						9
F			4		9				
G	7				2			5	
H	2			3	1		6		
I				7	5			8	

(44)

	1	2	3	4	5	6	7	8	9
A									
B	5				6	8			7
C	2			3		5			4
D						3			
E	8			1		4			
F				5				6	
G		2		4		7	6	3	
H		8	1				5		
I		3				2	4		

(45)

	1	2	3	4	5	6	7	8	9
A			5				2		9
B	2			3		7		1	6
C					6			7	
D				1		6			
E									
F					2	3	6		
G		7	8	2					1
H		2		9			4	6	
I	1				3				

(46)

	1	2	3	4	5	6	7	8	9
A		8	6						
B		2			5				4
C			7			8			
D	6		8	5	4				2
E	9								
F		1		7	3				
G	3		1	6				4	
H									8
I					2	7	9		6

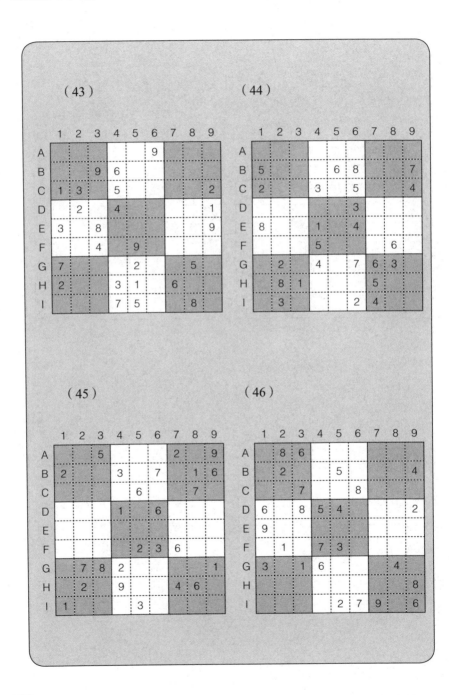

（47）

	1	2	3	4	5	6	7	8	9
A				7			2		
B						6	3		
C				8	4				9
D							4		
E		7						2	5
F		1		3	2	4		8	
G		4						5	
H		2			1		8	9	
I	5			2	9			1	

（48）

	1	2	3	4	5	6	7	8	9
A		8	3				7		
B								6	
C				5		2			
D				9			4		
E		4			3	8			
F					2		1		3
G	7			3		4	6		
H	9			2		6		3	
I	1					7		9	

（49）

	1	2	3	4	5	6	7	8	9
A				3		7		4	
B							8		5
C								1	
D	2			4		6			
E	5	1		2				8	3
F	7			1					9
G	4		2						
H	9		3	6		5			
I					4		6		

（50）

	1	2	3	4	5	6	7	8	9
A						4			9
B					1	7	5		
C		6				3		2	
D					9				
E								7	2
F				2		1			8
G	3	9			5				1
H	8							4	
I	1			4		9		3	5

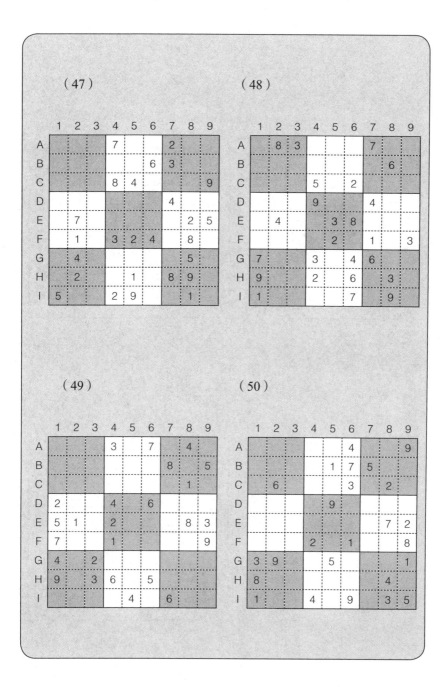

3-3 高级数独迷题。

（1）

	1	2	3	4	5	6	7	8	9
A					7				
B		7		1			9		8
C			9			4	1	7	
D							2		4
E			6				5		
F		2			5				3
G		8		6		9	4		
H	9					5			
I	7					3			

（2）

	1	2	3	4	5	6	7	8	9
A		7				5			
B				3	8				
C			6				3	1	
D						1	8	6	
E			2	4					
F	3	5			7		9		
G			7		9				
H			8				6		4
I		9		5			1		

（3）

	1	2	3	4	5	6	7	8	9
A			5						8
B						4			
C	7	1		9	6	8		3	
D	2							7	
E				7		9	8		
F			9						6
G		9	4			6		1	
H			6	1		5	4		
I									2

（4）

	1	2	3	4	5	6	7	8	9
A	4	5				7			
B					6		9	4	3
C			3						
D	8	7	5		1				9
E		3			7		8		
F					4		3		
G			2			8			1
H	7			6	3				
I	5								7

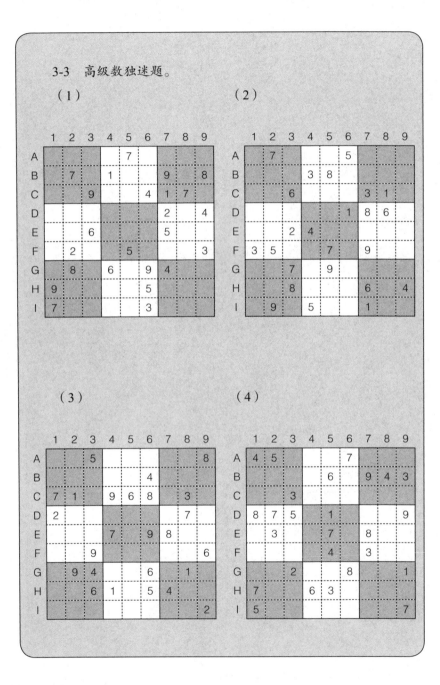

（5）

	1	2	3	4	5	6	7	8	9
A		4			2		3		8
B			9				7		
C				6					1
D	4				9			7	
E	3		7				9	1	
F				4					6
G			8						
H			1			6		8	5
I	9			3					

（6）

	1	2	3	4	5	6	7	8	9
A	2						1		
B			4						
C					3		5	4	
D						1		7	9
E	3				5			2	
F					4				
G		7				4			8
H				3	2				
I	4			1		7	2		6

（7）

	1	2	3	4	5	6	7	8	9
A	3						6	2	8
B			6		1				
C	9	2					5		1
D	8								7
E					2	9		3	
F						6			
G		3				8			6
H			5			2		4	
I				5	9				

（8）

	1	2	3	4	5	6	7	8	9
A									
B					5	4			8
C	6							9	4
D	8			2			3		
E			6	4				1	
F			2		3		5		6
G	7								
H						2	7	3	1
I	3		8	9					

（9）

	1	2	3	4	5	6	7	8	9
A	8			3				2	6
B									4
C	7				5	4			
D					6				9
E							5	4	3
F		5		8				7	
G			7						
H				4	8				
I	6	2					9	3	

（10）

	1	2	3	4	5	6	7	8	9
A		1						2	6
B	6			7					
C				4		9			
D				5		7	4		
E	3								7
F	2				8				
G			9		5				
H		4	8					5	
I		2	6	9				7	

（11）

	1	2	3	4	5	6	7	8	9
A			4			2			6
B	9				1				2
C		7	6						9
D		9			5				
E	8		2				3		
F			1	8	3		6		
G				7	4				
H	3	8							
I		6					8		

（12）

	1	2	3	4	5	6	7	8	9
A						6			
B		4	2	7			8		
C				3		5		4	
D		7				2	3	1	
E	8	3				7			
F		5		6		4			
G		6	8				1		
H							9	7	
I	5							6	8

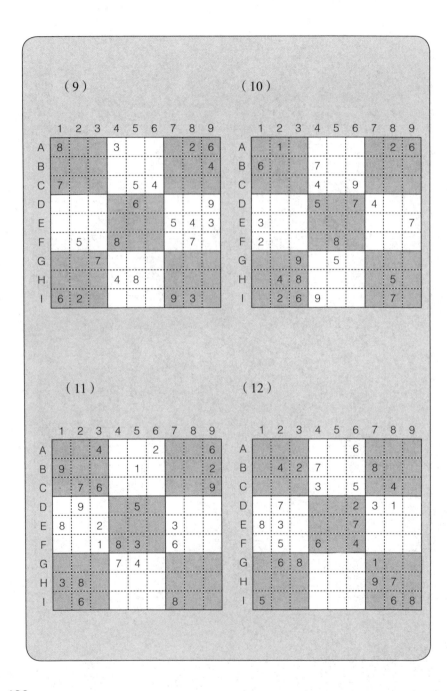

(13)

	1	2	3	4	5	6	7	8	9
A			9			7	8		3
B	3			6			2		
C	5			8					
D				2	5	3		4	1
E		4				9			
F									
G	1						6		
H			8		7	6		9	
I			5				1		

(14)

	1	2	3	4	5	6	7	8	9
A								8	
B				1		9			
C			8	6	4	3			1
D					5	2			
E			4	9	3		5		
F	2	1							
G		9	3			8			
H		4			2				
I		2		3				4	6

(15)

	1	2	3	4	5	6	7	8	9
A	9								3
B	6				7				5
C			8		4				2
D			2		3				9
E				7		4			
F	3			1		5		2	
G		5		2			7		
H			6				3		
I		7		9					

(16)

	1	2	3	4	5	6	7	8	9
A			1		8			6	
B					9		7	5	
C		4		1					
D				6					
E	1					5		4	
F				9		7			6
G				7		3	8		
H		8	5				3		9
I		7							4

（17）

	1	2	3	4	5	6	7	8	9
A	3					5			
B			1				6		
C						4	9	7	
D				8	3	6		9	
E	5				2				
F		7						6	
G			3					5	1
H	8	1	2		7				
I						2			

（18）

	1	2	3	4	5	6	7	8	9
A					3				
B	3						7	6	
C						5	4	1	
D	4			8	1			5	
E			8	5			7		6
F									
G	2								1
H		6		7	8		2	9	
I		5			6			7	

（19）

	1	2	3	4	5	6	7	8	9
A				3	4		2		
B	7		8						
C					5		7		3
D		4	9	5		8			
E			3	7					
F	6			2					8
G			7		1				9
H		6	5						
I		4				3			

（20）

	1	2	3	4	5	6	7	8	9
A				6					
B	7	4		3	5				
C	5		6		4	2	7		
D		2		4	8				5
E	6		7						
F					6		3		
G	1			7		2			
H		5			2	9	8		
I								3	

（21）

	1	2	3	4	5	6	7	8	9
A									
B			5			6		9	3
C	3	6					5		8
D			1	5			8	4	
E						4		3	2
F	7								5
G				2	9		6		
H	1			7					
I				1			4	2	

（22）

	1	2	3	4	5	6	7	8	9
A					7		3		5
B				2					
C	3				6				
D	7							1	
E					4		6		8
F	5				3		2		7
G		3							4
H	2	1							
I	9			8		1			

（23）

	1	2	3	4	5	6	7	8	9
A	4	9		6			1		
B						8			
C		1		7					
D				4					
E	6				2	1			9
F	2		4	5		6			
G							7	2	
H			1	3			5		
I	5		7				8		

（24）

	1	2	3	4	5	6	7	8	9
A				5					1
B						9		8	
C							7		
D		8							
E					4				5
F	9			3	7		6		
G	6					2	5	4	3
H		7				1			
I	8	3						1	

(25)

	1	2	3	4	5	6	7	8	9
A	1			3	8				
B				5	7		4		
C					4		6		
D	7		8			1	9		
E		4			2			8	
F			5		3		7		
G		9					5		
H			2		6				7
I		3					4		

(26)

	1	2	3	4	5	6	7	8	9
A		6						2	1
B		9				7			4
C			2		5				7
D		5	1			2	4		8
E					1	9			
F	3								
G	4				3				9
H							3		
I	6		7	5					

(27)

	1	2	3	4	5	6	7	8	9
A			7	6					4
B	4			1					
C				3			1		7
D			4	9			5		
E		1				9			
F		5							
G					2	5		3	
H	5		9				7		
I		3		4			6		

(28)

	1	2	3	4	5	6	7	8	9
A			8		3				
B		3		2	9				
C			6	4				2	7
D					9		8		
E		6					2	5	1
F		4				6			
G		7						1	9
H	3								
I		2				8			

（29）

	1	2	3	4	5	6	7	8	9
A									6
B		2			4		7		
C	1	5					2		3
D	3								
E	8					9			2
F					6		9		7
G				1					9
H		4			7	3		8	
I		9	6						

（30）

	1	2	3	4	5	6	7	8	9
A	2		3		4				5
B					1			8	7
C		1			2	5	6		
D					9		7		3
E			6			3			
F	4					1			
G	8	2							
H		4	5		8			2	
I	7		9						

（31）

	1	2	3	4	5	6	7	8	9
A		2	4	1			9		
B	7	5			9			4	
C					6				
D		9	2		7				
E							5		
F			3	8					6
G			8			5	2	1	
H						8		7	
I		4							3

（32）

	1	2	3	4	5	6	7	8	9
A		4			2				1
B		7							
C			6		1			8	
D			4	6					
E		9			8		7		
F	2		7		9				
G		2				4	8		
H	6			5					4
I		5				1			

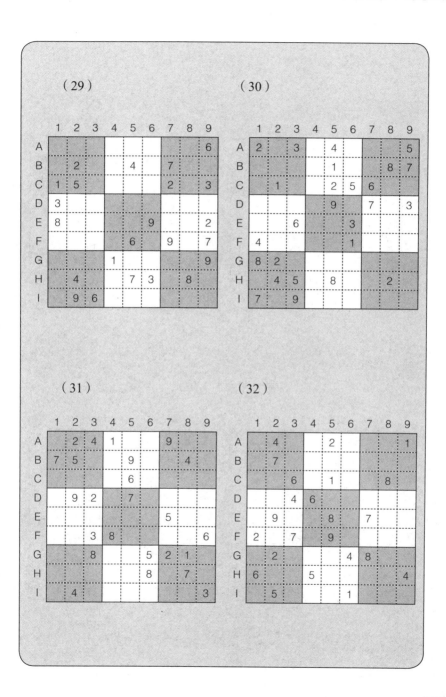

(33)

	1	2	3	4	5	6	7	8	9
A					8				
B	5	3		1					
C						5	2		
D									
E	4	5						3	2
F	9		6		1	4	5		
G	1				3	6		7	
H	2	9		7			1		
I		7		5					

(34)

	1	2	3	4	5	6	7	8	9
A			2		3				8
B									1
C			6				3		
D				3					
E	6	8		9		5	2		
F	9				6	4			
G		1	8		2				4
H						8			3
I				4				6	

(35)

	1	2	3	4	5	6	7	8	9
A	2	3	5	6					
B								9	
C			1					8	
D	9							4	
E	6	8							
F						5	9	3	7
G		7		2					
H		2		1					5
I			4		9				1

(36)

	1	2	3	4	5	6	7	8	9
A	3			8	2				
B		4	1						
C									
D							9		5
E			4	9	5			7	
F		8							4
G		7	6	3			2		
H			2	4		1			9
I		5				8			

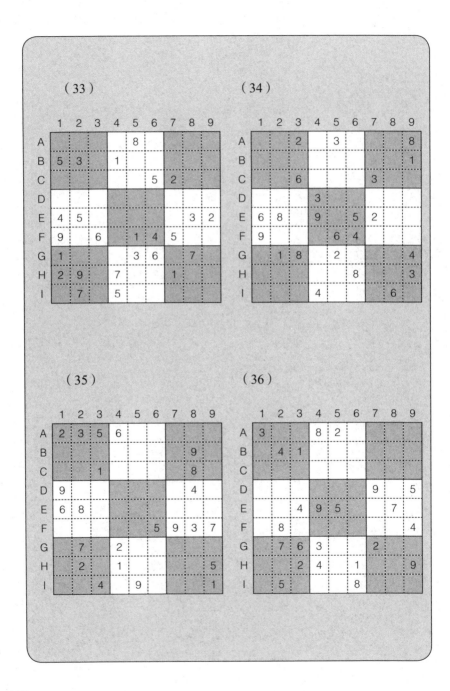

(37)

	1	2	3	4	5	6	7	8	9
A							6	4	
B				1	3			8	
C		7					5		9
D						1	4		8
E	4				5			9	7
F		1			9				5
G				7		6			
H	9				1				
I		2				4			

(38)

	1	2	3	4	5	6	7	8	9
A				4					
B					5			3	
C	3		6		2			9	
D		8	2			6		7	
E					1				9
F				5		8		4	
G	2				9	1			
H	6								
I			5	1	8			7	

(39)

	1	2	3	4	5	6	7	8	9
A									9
B		6		2		4			3
C			7			2			
D			4						
E				8				5	6
F		9			1		3		
G	7	4							
H	3		6		5				1
I							9	8	

(40)

	1	2	3	4	5	6	7	8	9
A	8						7	3	
B				8	2			9	
C				6					
D	4					9		8	
E		1					4		
F			5	8					1
G		3	4	7		6			
H				5				1	7
I		9					2		

(41)

	1	2	3	4	5	6	7	8	9
A	6	8							
B	7					6	9		
C		2			1				
D			9	7		5	4		
E					2				
F		7		1					5
G	2				3		7		1
H			3	5	6				4
I		4							

(42)

	1	2	3	4	5	6	7	8	9
A					5				
B	6							7	4
C			5			6	9		
D	7					9	8		
E	8		4			5			9
F			6	1					
G		4				3	6	8	
H		2		4				1	
I				8					

(43)

	1	2	3	4	5	6	7	8	9
A				9			8		
B	2		3	5		8			4
C			7						
D		1							
E	4				1	9	5		3
F				2					6
G				6					
H	5		6	4	7	3			
I		4							

(44)

	1	2	3	4	5	6	7	8	9
A									8
B		3				5	1	9	
C		2					6		
D					7	4		6	
E	1			6			8		
F	9						2		4
G			8	9		1			5
H						3		7	
I			5						

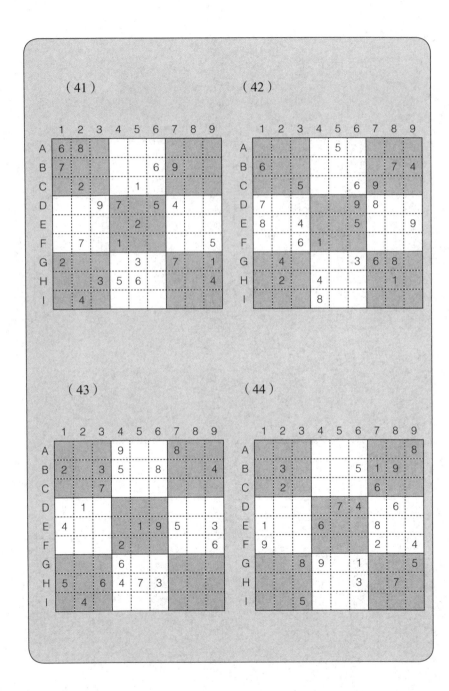

(45)

	1	2	3	4	5	6	7	8	9
A		4							
B		3			5		6	4	
C	1				7		2		
D									
E				3		4	8	6	
F	8		7			6			
G				2	7				
H			9				7		
I			3	8		5	4		9

(46)

	1	2	3	4	5	6	7	8	9
A							8		
B	9	6	4						
C	3	2		9			4		
D				2		7			
E	4		7			5			
F					6		3		
G	5			8		9	1		
H		3					6	4	
I		1					9	3	

(47)

	1	2	3	4	5	6	7	8	9
A	9		5				6		4
B									
C			3				8		7
D	1			7	4				2
E		4		1			9		
F				8	6				
G			2		4				
H		6			9				8
I				6	2	5			9

(48)

	1	2	3	4	5	6	7	8	9
A		3					4	2	
B		4		6			5		
C		2			3			8	
D		9							
E	7					1			2
F			1				8	3	
G				8			1	7	4
H				4	5			9	
I			9				2		

（49）

	1	2	3	4	5	6	7	8	9
A				4				8	
B			1						
C			2	3	8	6			
D		1	5	8					
E	6	4		5			9		
F	7					1	2		
G							3		
H					9	7		6	
I	5							4	

（50）

	1	2	3	4	5	6	7	8	9
A	5	7				9			6
B			2						9
C		3	6						
D								7	
E			4	8				2	
F	3	1					4		
G					4				1
H	8			6				9	
I		5		1	2				

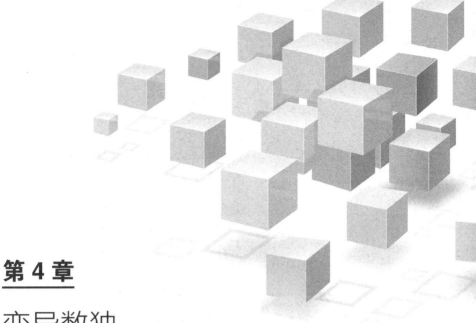

第 4 章

变异数独

1. 杀手数独

杀手数独是数独变种中比较著名的分类。它综合了数独和数和的玩法，新增的规则如下。

（1）虚线框内的数字均不重复。

（2）虚线框左上角的数字表示该虚线框内数字之和。

杀手数独谜题的题面上通常不出现任何已知的数字，如果是第一次接触，难免会感到无从下手。这里通过一个下图实例简单地介绍一下杀手数独的解题技巧。

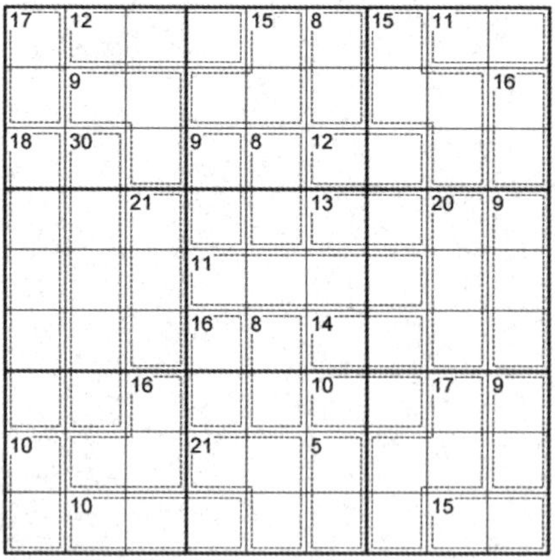

由于杀手数独仍满足标准数独的规则,因此可以确定填入的数字范围为 1~9。同时我们应该注意到,在标准数独中,每一行、每一列以及每一宫中的数字均不相同,由此可以推导出每一列、每一行以及每一宫中的数字之和均为 45,即:

$$1+2+3+4+5+6+7+8+9=45$$

现在我们观察题目中的右上宫,可以发现该宫中包含有 3 个完整的虚线框,以及一个未知空格。同样的情况也存在于右下宫中,如下图所示。

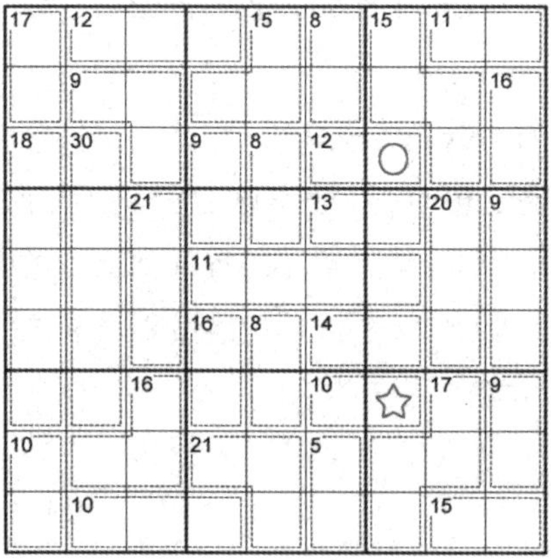

可以通过减法轻松获得答案，即：

$$\bigcirc = 45 - 15 - 11 - 16 = 3$$
$$\star = 45 - 17 - 9 - 15 = 4$$

同时，由于〇和☆所在的虚线框均仅含两个方格，因此可以利用减法获得另一个方格的数字。这个方法称为"45法则"。运用45法则，我们还可以推导出一些附加的数和信息，如下图所示。

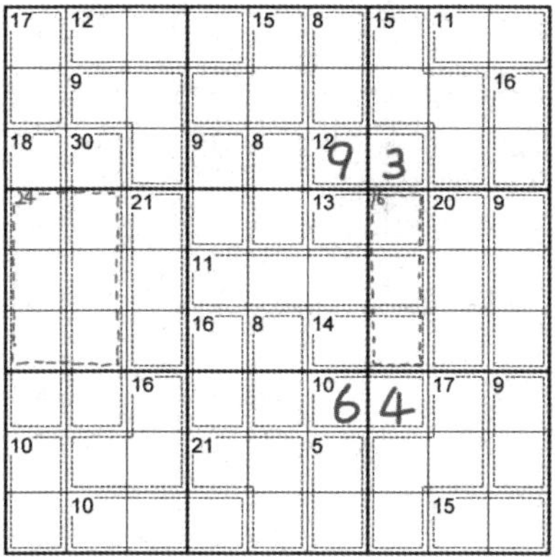

根据杀手数独的规则可知虚线框内的数字均不重复，如果某个虚线框包含两个数字，并且它们的和是8，那么便可以推断存在1+7、2+6、3+5这3种情况。

也有一些和值存在唯一的分解方式，如下表所示。

方格数：2	方格数：3	方格数：4	方格数：5	方格数：6
和值：3 4 16 17	和值：6 7 23 24	和值：10 11 29 30	和值：15 16 34 35	和值：21 22 38 39
3=1+2 4=1+3 16=7+9 17=8+9	6=1+2+3 7=1+2+4 23=6+8+9 24=7+8+9	10=1+2+3+4 11=1+2+3+5 29=5+7+8+9 30=6+7+8+9	15=1+2+3+4+5 16=1+2+3+4+6 34=4+6+7+8+9 35=5+6+7+8+9	21=1+2+3+4+5+6 22=1+2+3+4+5+7 38=3+5+6+7+8+9 39=4+5+6+7+8+9

善加利用这些和值，便可以获得更进一步的信息，如下图所示。

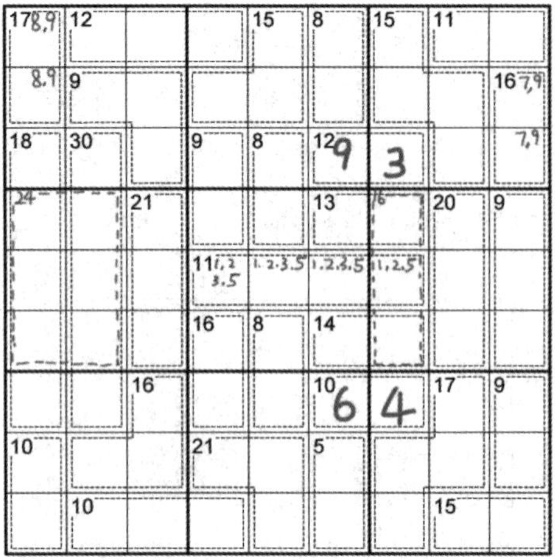

由于已经确定了一些已知数，故此时可以使用摒除法获得新的解，如下图所示。

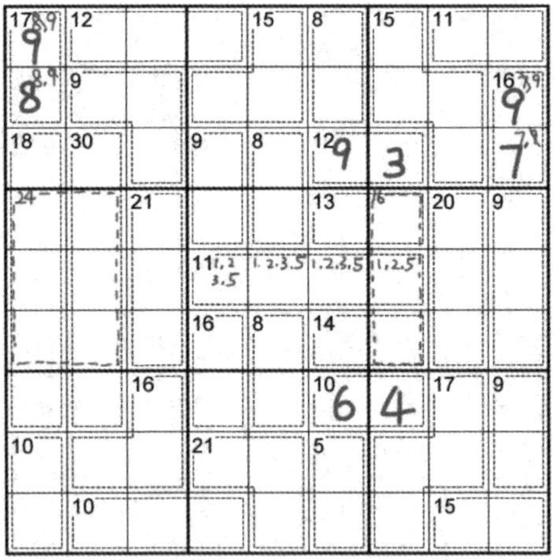

继续观察右上宫位。还有两个虚线框，分别是两个方块的 11 和三

个方块的 15。

对于数字 11，存在 3 + 8、4 +7、5+6 三种情况，由于该宫中已有确定的 3 和 7 存在，因此可以确定此处的 11 可能是 5 和 6 的组合。

除了唯一组合之外，杀手数独还存在一些规律，比如我们可以从数字和值 9 的组合判断得出，如果方格数是 3，那么其中必定不包含 7、8、9，如果和值为 21 且方格数为 3，那么其中必定不包含 1、2、3 等。

以上便是杀手数独的一些常用技巧，结合常规数独的技法，一般程度的杀手数独便可以迎刃而解。

2. Mega 数独

Mega 数独是由 12 × 12 或者 16 × 16 的方阵组成的，其基本规则和传统数独一样，但是需要填入的数字增加了，因此难度也相应有所增加。示例如下。

（1）12 × 12 方阵，如下图所示。

		9	3	1			10	11	12		
	10			6	8	5	3			7	
4											3
11				5			8				7
5	1		12					6		4	8
	9				7	3				10	
	2				6	8				5	
12	6							1		8	11
9				7			1				2
7											6
	4			11	5	2	6			12	
		5	6	12			9	4	1		

|| 数独从入门到精通

（2）16×16 方阵，如下图所示。

	8			9			3	10			14			6	
5		15				14			1				12		4
	12													5	
			6		13	15	5	16	2	4		7			
6					12		15	14		3					5
			11	1	7	6	9	4	12	8	5	3			
	1		7		5					10		16		14	
10			13	16	2					11	16	15			12
13			4	3	16					1	8	9			10
	16		2		4					14		12		1	
			1	15	9	5	7	2	13	12	16	6			
11					8		12	7		15					16
			5		11	2	4	13	10	6		8			
	11													16	
9		3				8			15				7		2
	2			10			1	5			9			12	

3. 连续数独

连续数独的基本规则和传统数独一样，玩家同样也需要将数字 1 ~ 9 填入空格，使得每行、每列和每宫内的数字都不重复，然而需要注意的是，遇到题面中用粗线隔开的方格，需要保证该两个方格内的数字是连续的，如 1 ~ 2、4 ~ 5、8 ~ 7 等。

下图为一个连续数独的例子。

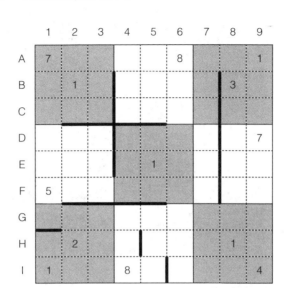

连续数独的规则看似复杂,但实际和标准数独一样,所有的规则都服务于解谜过程,需要的只是一些更深入的思考。例如,根据 B8 = 3 就可以推导出 B7 的数字只可能是 2 或 4。再观察右下宫,G1 和 H1 的候选数是 3、4、6、8、9,由于这两个数必须是连续的,因此可以将 6 从中摒除。B 行中,B3 的候选数是 2、4、5、6、8、9,B4 的候选数是 2、4、5、6、7、9,由于 B3 和 B4 必须连续,因此可能的组合只有 5 和 6,形成数对等。

4. 不连续数独

不连续数独要求题面中任何一个方块中的数字和其上下左右 4 个方向上的相邻方块中的数字均不连续,数字 9 和 1 也不能相邻。

下图为一个不连续数独的示例。

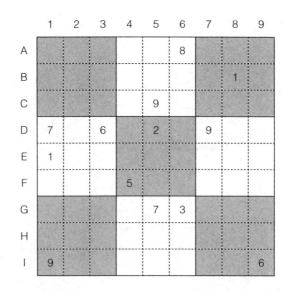

5. 不等号数独

不等号数独是连续/不连续数独的进阶版。在不等号数独中,使用大于或小于号来代替连续/不连续数独题面中的粗实线,玩家不仅要保证填入数字满足数独基本规则,还要保证相邻数字的大小符合不等号方向。

下图为一个不等号数独的示例。

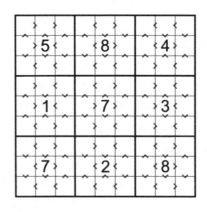

进阶版的不等号数独仅提供了相邻方格之间的大小关系，没有提示数字，如下图所示。

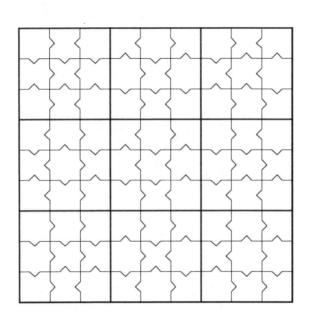

但即使如此，仍可以从这些数字关系中发现蛛丝马迹。例如，如果一个方格周围的符号都是小于号，那么便可以推导出该方格的数字是1，同理，如果方格周围都是大于号，那么该方格的数字是9。然后继续通过观察和推导寻找出其余的数字即可。

6. 不规则数独

不规则数独和传统数独的区别在于，不规则数独的宫不再是 3×3 的方阵，而是形状各异的方框。玩家需要将数字填入方框，同样保证每一行、每一列以及每一个不规则的宫中的数字均不重复。

下图为一个不规则数独的示例。

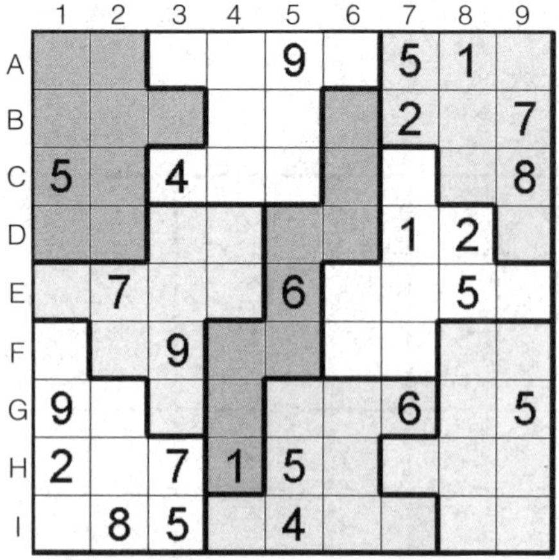

7. 对角线数独

对角线数独比传统数独增加了条件，即玩家不仅要保证每一行、每一列以及每一宫中都没有重复的数字出现，还要保证两条对角线上的数字也均不重复。

下图为一个对角线数独的示例。

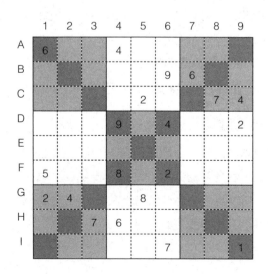

8. 额外区域数独

额外区域数独和对角线数独类似，是在标准数独的基础上增加了新的需要满足数字不重复条件的区域。玩家不仅要使得填入的数字满足标准数独的规则，还要保证各个阴影区中的数字也不重复，如下图所示。

额外区域数独的特点就是额外区域的形状变化无常，有些时候甚至不止两个。因此十分有趣，也相当考验观察能力。

9. 奇偶数独

奇偶数独在标准数独的基础上标出了一些区域，并且要求在这些区域中的数字满足要求（同为奇或同为偶），如下面这道奇偶数独要求 60% 灰的格子只能填入奇数，40% 灰的格子只能填入偶数，如下图所示。

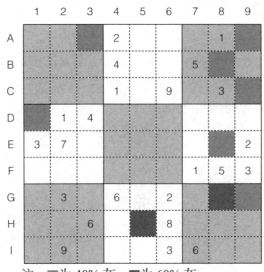

注：▨为40%灰；■为60%灰。

也有一些奇偶数独没有用颜色区分奇偶，而是要求被标注区域的数字在各个宫内的奇偶性相同，如下图所示。

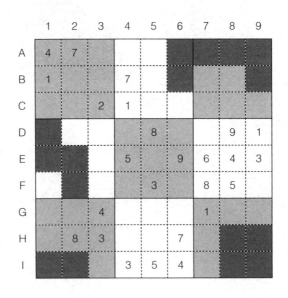

除了使用标准数独的解题技巧，奇偶的限定也能帮助我们寻找答案，例如上题中，我们观察右下宫会发现有4个格子被标注了颜色，由G7位置的1就可以断定，右下宫中的4个深色格子的数字只可能是2、4、6、8，相当于一个四数集。

10. 窗口数独

窗口数独类似于额外区域数独，也是在传统数独的基础上增加了新的额外区域。窗口数独一共增加了4个额外区域，并且位置固定，因为其形状像一个窗口而得名。

玩家所填数字要在满足传统数独规则的基础上，使得窗口中的数字也均不重复。

下图为一个窗口数独的示例。

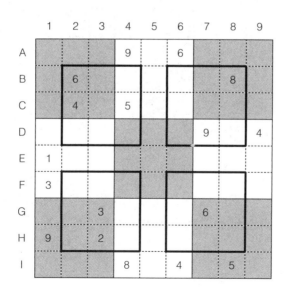

11. 无马数独

无马数独也称为骑士数独，要求任意形成国际象棋中的马步关系的两格内不能填入相同的数字。国际象棋中马的走法是先向水平或垂直方向走一格，然后再斜着走一格，也就是说，如果将某个方格作为顶点，那么其在8个方向上的由6个方格组成的区块的对角线所在方格的数字均不能和该方格中的数字相同，如下图所示，若E5格是2，那么其周围8个深色区块内的数字均不能是2。

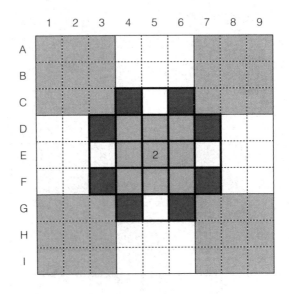

下图为一个无马数独的示例，乍看之下和标准数独没什么两样。但是，由于增加了隐形的限制条件，因此题面上的已知数变少了。

	1	2	3	4	5	6	7	8	9
A		1						6	
B	8								7
C				7		9			
D			1		8		7		
E				1		7			
F			7		9		4		
G				2		1			
H	5								9
I		3						7	

12. Multi 数独

Multi 数独由两个或两个以上的数独重叠组成，重叠的区域同时满足其所在数独的规则，玩家要综合考虑这些数独，从而找出答案。

下面是一些 Multi 数独。

（1）双连体，如下图所示。

	2						7				
	3					1					
			3					4			
			7						3		1
							2		9		
			8						5		7
		9		4				3			9
		7			5	8			7		
		8				6			8		
			9								
			5		1						
										6	

（2）三连体，如下图所示。

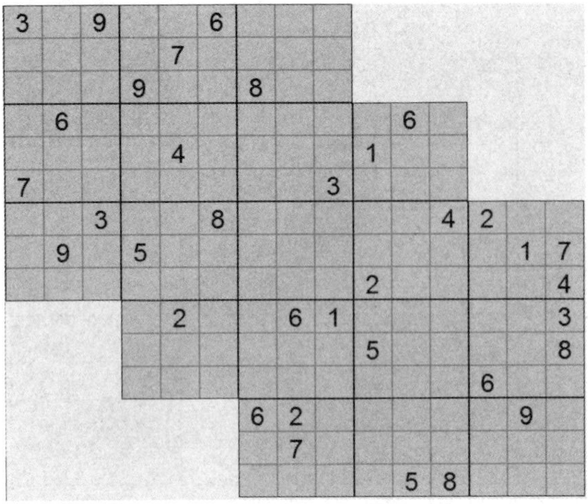

（3）四连体，如下图所示。

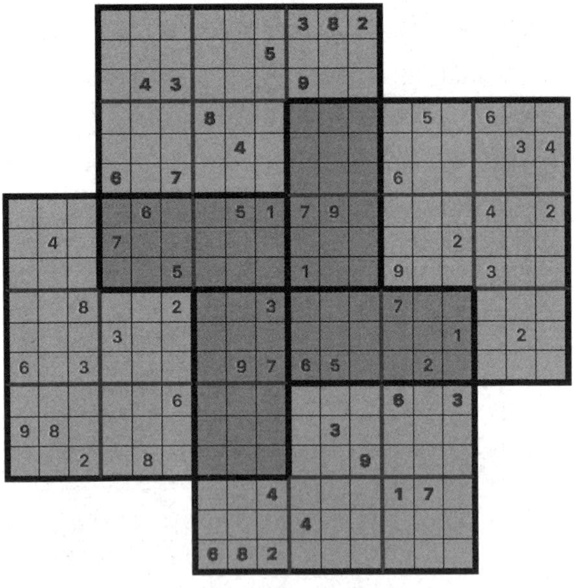

（4）五连体，如下图所示。

	A	B	C	D	E	F	G	H	I	J	K	L	M	N	O	P	Q	R	S	T	U	
1				2	4	5	9							2	9	1	4					1
2		5				7								6			3					2
3		8	4		9				5				4			2		9	8			3
4	7		5	4				3	2				2	5			9	3			4	4
5		6					9							7					1			5
6	1	3				9	6		4				1		8	3				5	9	6
7	9				1		8	5						2	9		3				7	7
8			7					2						1			6					8
9			3	9	8	2			9						2	7	1	5				9
10										2	1											10
11											4											11
12										6		8										12
13			8	5	1	4			8					2	8	3	4				13
14			7				8						9			1				14
15	7				9		6	3					7	8	5			3		15
16	6	2			8		1		7			9		5	8			7	6	16
17		7						2						1				2		17
18	5		1	3				6	9			6	2		9	8		4	18
19		5	4		7				3			2			6		7	5		19
20		1				5									7			4		20
21					1	8	9	7					4	3	2	5				21
	A	B	C	D	E	F	G	H	I	J	K	L	M	N	O	P	Q	R	S	T	U	

练习题

4-1 解开下面的杀手数独谜题。

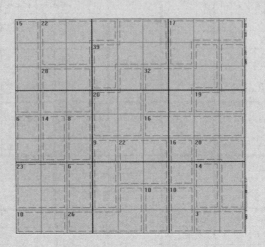

4-2 解开下列 Mega 数独。

（1）

			3					1			
		6		2			9				
8	4			12	7						3
10	2	8		9	3			1			
11		5			6	8		7			
4						1			5		
1	11										9
					12		4				2
7			9		8	6	11		10		
12				8	9	10					
					11						10
		5					3	2	7		

第 4 章 | 变异数独

（2）

		12		6	7	11	5			8	
6			5	4			2				7
	2	1						3			
				5	10	12					
	2	12			6		9				1
11		3		8			6		9		
9					7		2			3	
1	3						5			12	
	8			9							
	6		7			10					
				8	1						
		7								4	

（3）

8		7				1	5	2		9		13	10	4	
		12	16			2	14	15		1					
					6	13	4		12		8	16			
	3		8	16		9						11			
3	7	2	6		8		13	1					14	5	
13	8			3					16					12	
		14	9		5	15		4			13	3	1		
	16	5						14			6			7	
1	9	6		4	11								2		
		15				16		3							
			9			1		5							
			2					6		14		13			
7		3	1			5				15					
		16	13	6	4		2			8	5	12		11	
5	12					10					8				
		4	16	12	2	7				15					

4-3 解开下列连续数独。

(1)

(2)

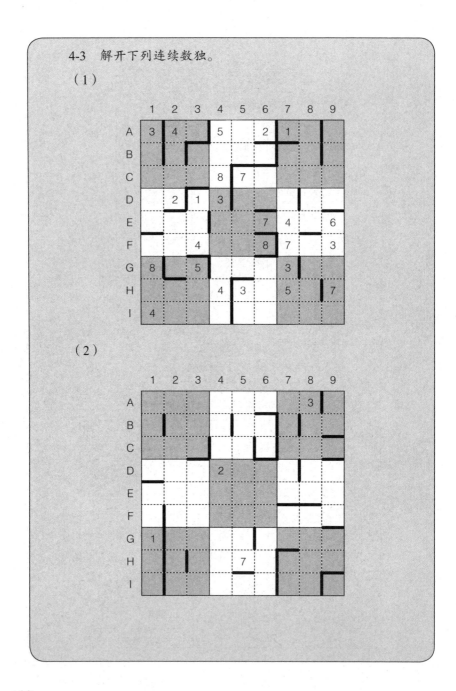

4-4　完成下面的数独谜题，并且使得任意两个相邻方块内的数字均不连续。

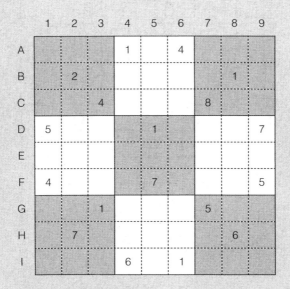

	1	2	3	4	5	6	7	8	9
A				1		4			
B		2						1	
C			4				8		
D	5				1				7
E									
F	4				7				5
G			1				5		
H		7						6	
I				6		1			

4-5　解开下面的不等号数独。

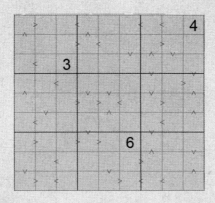

4-6 解开下面的不规则数独。

	1	6				9		
			8	3	2			
5				8				1
	9						1	6
	3	8				5	4	
2	7						6	
4				6				5
			2	9	1			
		9				5	2	

4-7 解开下面的对角线数独。

	1	2	3	4	5	6	7	8	9
A				9			8		
B			5		7	2		3	6
C						8	4		9
D	6				8				
E		5			6			8	
F					3				5
G	3		8	7					
H	7	1		3	4		5		
I			6			1			

4-8 解开下面的额外区域数独。

	1	2	3	4	5	6	7	8	9
A				5			9	2	
B	6	9						1	
C	4		5			9	7		
D			4		5				6
E				6		7			
F	9				4		3		
G			7	3			2		1
H		4						3	7
I		6	1			2			

4-9 解开下面的奇偶数独。

	1	2	3	4	5	6	7	8	9
A		2			4	9			
B	7	8					9		4
C			1			3			5
D				4					8
E	4						1		
F		5	6			2			3
G		1			2		6		
H	3				8			7	
I		7	4				3		

4-10 解开下面的窗口数独。

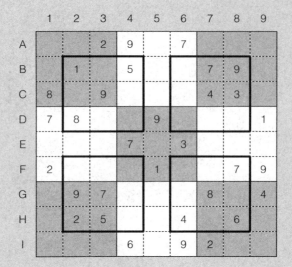

	1	2	3	4	5	6	7	8	9
A			2	9		7			
B		1		5			7	9	
C	8		9				4	3	
D	7	8			9				1
E				7		3			
F	2				1			7	9
G		9	7				8		4
H		2	5			4		6	
I				6		9	2		

4-11 解开下面的无马数独。

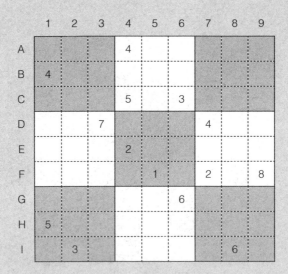

	1	2	3	4	5	6	7	8	9
A				4					
B	4								
C				5		3			
D			7				4		
E				2					
F					1		2		8
G						6			
H	5								
I		3						6	

4-12 解开正文中给出的 Multi 数独。

附录

本书练习题答案

第 1 章　数独初探

1-1-1

7	4	3	2	1	8	5	6	9
8	1	6	5	3	9	2	7	4
5	9	2	7	6	4	3	8	1
3	6	8	9	2	1	7	4	5
9	7	1	8	4	5	6	3	2
2	5	4	3	7	6	1	9	8
4	3	9	1	5	7	8	2	6
6	2	5	4	8	3	9	1	7
1	8	7	6	9	2	4	5	3

1-2-1

捌	肆	柒	叁	壹	陆	玖	贰	伍
陆	贰	玖	捌	伍	肆	叁	柒	壹
叁	壹	伍	柒	玖	贰	捌	肆	陆
贰	伍	捌	玖	肆	柒	陆	壹	叁
壹	柒	陆	伍	捌	叁	肆	玖	贰
玖	叁	肆	陆	贰	壹	柒	伍	捌
伍	捌	贰	肆	叁	玖	壹	陆	柒
柒	玖	壹	贰	陆	捌	伍	叁	肆
肆	陆	叁	壹	柒	伍	贰	捌	玖

VII	IV	III	II	I	VIII	V	VI	IX
VIII	I	VI	V	III	IX	II	VII	IV
V	IX	II	VII	VI	IV	III	VIII	I
III	VI	VIII	IX	II	I	VII	IV	V
IX	VII	I	VIII	IV	V	VI	III	II
II	V	IV	III	VII	VI	I	IX	VIII
IV	III	IX	I	V	VII	VIII	II	VI
VI	II	V	IV	VIII	III	IX	I	VII
I	VIII	VII	VI	IX	II	IV	V	III

1-3-1 思考纵横图（洛书）还有哪些特点或规律。

答案略。

1-3-2 将 2 ~ 49 的数字填入以下方格，使得其每行、每列以及两条对角线上的数字之和都相同。

7 阶幻方的幻和为 175，答案不唯一，这里仅供参考。

30	39	48	1	10	19	28
38	47	7	9	18	27	29
46	6	8	17	26	35	37
5	14	16	25	34	36	45
13	15	24	33	42	44	4
21	23	32	41	43	3	12
22	31	40	49	2	11	20

1-3-3 将 1 ~ 144 的数字填入以下方格，使得其每行、每列以及两条对角线上的数字之和都相同。

12 阶幻方的幻和为 870，答案不唯一，这里仅供参考。

143	136	141	17	10	15	26	19	24	116	109	114
138	140	142	12	14	16	21	23	25	111	113	115
139	144	137	13	18	11	22	27	20	112	117	110
44	37	42	98	91	96	89	82	87	71	64	69
39	41	43	93	95	97	84	86	88	66	68	70
40	45	38	94	99	92	85	90	83	67	72	65
80	73	78	62	55	60	53	46	51	107	100	105
75	77	79	57	59	61	48	50	52	102	104	106
76	81	74	58	63	56	49	54	47	103	108	101
35	28	33	125	118	123	134	127	132	8	1	6
30	32	34	120	122	124	129	131	133	3	5	7
31	36	29	121	126	119	130	135	128	4	9	2

1-3-4 使用以下 5 阶幻方构建出一个 10 阶幻方，填入空格。

23	6	19	2	15
10	18	1	14	22
17	5	13	21	9
4	12	25	8	16
11	24	7	20	3

98	81	19	2	15	73	56	44	52	65
85	93	1	14	22	60	68	26	64	72
17	5	88	96	9	67	55	38	71	59
79	87	25	8	16	54	62	50	58	66
86	99	7	20	3	61	74	32	70	53
23	6	94	77	90	48	31	69	27	40
10	18	76	89	97	35	43	51	39	47
92	80	13	21	84	42	30	63	46	34
4	12	100	83	91	29	37	75	33	41
11	24	82	95	78	36	49	57	45	28

1-3-5 在空白处填入 1~16 之间合适的数字,既不与已有数字重复,又能保证纵、横以及两个对角线上的数字相加之和均相同。

3	9	8	14
10	16	1	7
6	4	13	11
15	5	12	2

1-3-6 在空白处填入 1~16 之间合适的数字,既不与已有数字重复,又能保证纵、横以及两个对角线上的数字相加之和均相同。

7	1	10	16
12	14	5	3
13	11	4	6
2	8	15	9

1-3-7　在空白处填入1~16之间合适的数字，既不与已有数字重复，又能保证纵、横以及两个对角线上的数字相加之和均相同。

1	15	8	10
4	14	5	11
13	3	12	6
16	2	9	7

1-3-8　在空白处填入1~25之间合适的数字，既不与已有数字重复，又能保证纵、横以及两个对角线上的数字相加之和均相同。

24	20	2	13	6
11	3	19	14	18
8	4	25	21	7
17	15	10	1	22
5	23	9	16	12

1-3-9 在空白处填入 1~25 之间合适的数字,既不与已有数字重复,又能保证纵、横以及两个对角线上的数字相加之和均相同。

24	14	8	16	3
9	1	21	15	19
11	12	25	10	7
17	18	5	2	23
4	20	6	22	13

1-3-10 在空白处填入 1~25 之间合适的数字,既不与已有数字重复,又能保证纵、横以及两个对角线上的数字相加之和均相同。

24	11	7	17	6
18	2	10	15	20
12	14	25	9	5
8	16	19	1	21
3	22	4	23	13

1-4-1 下面是一个 4×4 的迷你数独,它由 4 个 2×2 的宫组成。试着为行和列编号并且用颜色区分各个宫。

	1	2	3	4
A	3	1	4	2
B	4	2	3	1
C	2	3	1	4
D	1	4	2	3

1-4-2 下面是一个 6×6 的迷你数独,它由 6 个 3×2 的宫组成。试着为行和列编号并且用颜色区分各个宫。

	1	2	3	4	5	6
A	1	3	4	2	5	6
B	2	6	5	3	1	4
C	4	5	6	1	3	2
D	3	1	2	4	6	5
E	5	2	1	6	4	3
F	6	4	3	5	2	1

1-5-1　继续解开上文中的数独。

	1	2	3	4	5	6	7	8	9
A	9	6	3	2	5	1	8	4	7
B	1	5	8	7	4	9	3	6	2
C	7	2	4	8	6	3	1	9	5
D	2	7	6	5	8	4	9	1	3
E	4	8	1	3	9	7	5	2	6
F	5	3	9	6	1	2	4	7	8
G	6	4	5	1	7	8	2	3	9
H	3	1	7	9	2	5	6	8	4
I	8	9	2	4	3	6	7	5	1

1-5-2　将 1～9 中的数字填入下列空白方格，使得每一行、每一列以及每一宫中的数字均不重复。

	1	2	3	4	5	6	7	8	9
A	7	1	5	8	6	4	2	3	9
B	3	8	9	7	2	1	6	5	4
C	4	6	2	9	5	3	7	1	8
D	5	4	3	1	7	9	8	6	2
E	2	7	6	4	8	5	3	9	1
F	1	9	8	2	3	6	5	4	7
G	8	3	1	6	9	7	4	2	5
H	6	2	4	5	1	8	9	7	3
I	9	5	7	3	4	2	1	8	6

1-6-1 对于给出的方阵，使用挖洞法出一道属于你自己的数独谜题。

	1	2	3	4	5	6	7	8	9
A	7	3	9	4	2	8	5	6	1
B	8	6	5	9	3	1	4	7	2
C	2	4	1	5	6	7	8	3	9
D	5	1	8	7	9	3	2	4	6
E	3	7	2	6	8	4	1	9	5
F	6	9	4	2	1	5	3	8	7
G	4	8	6	1	5	9	7	2	3
H	1	2	7	3	4	6	9	5	8
I	9	5	3	8	7	2	6	1	4

答案略。

1-6-2 验证自己的数独谜题。

答案略。

1-6-3 尽可能地挖去足够多的数字，看看最终盘面上能剩下几个已知数。

答案略。（注：有研究表示，如果想要保证数独谜题具有唯一的答案，那么至少需要17个已知数，当然这和原始数字的排列也有关系。当然，也并不是说已知数多就一定不会出现多解。具体情况，感兴趣的读者可以进一步研究。）

1-7-1 将1～4的数字填入空白的方格中，并且使得每一行、每一列以及每一宫的数字均不存在重复。

（1）

1	3	2	4
2	4	3	1
4	2	1	3
3	1	4	2

（2）

2	1	4	3
4	3	1	2
3	4	2	1
1	2	3	4

（3）

3	1	2	4
2	4	3	1
1	3	4	2
4	2	1	3

（4）

1	4	3	2
3	2	1	4
4	3	2	1
2	1	4	3

（5）

1	2	4	3
4	3	1	2
3	1	2	4
2	4	3	1

1-7-2　将 1～6 的数字填入空白的方格中，并且使得每一行、每一列以及每一宫的数字均不存在重复。

| 附录 | 本书练习题答案 |

（1）

	1	2	3	4	5	6
A	2	5	6	1	3	4
B	3	1	4	2	6	5
C	1	6	2	4	5	3
D	4	3	5	6	1	2
E	5	2	1	3	4	6
F	6	4	3	5	2	1

（2）

	1	2	3	4	5	6
A	5	6	2	1	3	4
B	1	3	4	2	5	6
C	2	5	3	4	6	1
D	4	1	6	3	2	5
E	3	4	5	6	1	2
F	6	2	1	5	4	3

（3）

	1	2	3	4	5	6
A	4	1	6	3	2	5
B	5	2	3	1	6	4
C	2	6	4	5	3	1
D	1	3	5	2	4	6
E	3	4	1	6	5	2
F	6	5	2	4	1	3

(4)

	1	2	3	4	5	6
A	4	2	3	1	5	6
B	6	1	5	2	4	3
C	3	4	6	5	1	2
D	1	5	2	6	3	4
E	2	3	1	4	6	5
F	5	6	4	3	2	1

(5)

	1	2	3	4	5	6
A	3	2	4	6	1	5
B	1	5	6	2	3	4
C	2	4	1	3	5	6
D	5	6	3	4	2	1
E	4	3	5	1	6	2
F	6	1	2	5	4	3

(6)

	1	2	3	4	5	6
A	2	4	1	5	3	6
B	6	5	3	4	2	1
C	4	3	5	1	6	2
D	1	2	6	3	4	5
E	3	1	2	6	5	4
F	5	6	4	2	1	3

第 2 章　数独技法

2-1-1　找出下列数独谜题中的所有唯一解。

D9 是 D 行中的唯一解，E5 是中间宫中的唯一解。H7 是右下宫中的唯一解。将数字填入后，题面还会出现新的唯一解。

	1	2	3	4	5	6	7	8	9
A	4	7		6	8	2			
B	8		2	9		3	4	6	7
C	6	9	3	4	5		2	8	
D	2	8	7	3	6	1	5	4	9
E		4	6	5	7	9	8	3	2
F	9	3	5	8	2	4	1		
G			4	7		6	3	2	8
H	3	6	9	2			7	1	5
I		2	8	1	3	5	6	9	4

2-1-2　使用唯余数法确定 E5 格的数字。

	1	2	3	4	5	6	7	8	9
A									
B					6				
C									
D				1	5				
E		2			9				
F					7	3			
G					8				
H									
I					4				

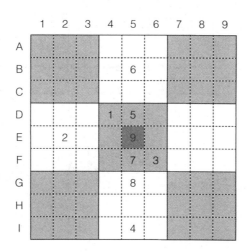

2-1-3 使用行摒除法找出数字 3 在 A 列中的位置。

由 D2、F4 以及 G3 摒除相应位置后，可以确定 C2 = 3。

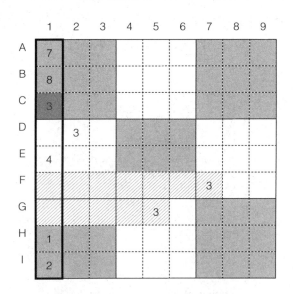

2-1-4 使用列摒除法找出数字 8 在 C 行中的位置。

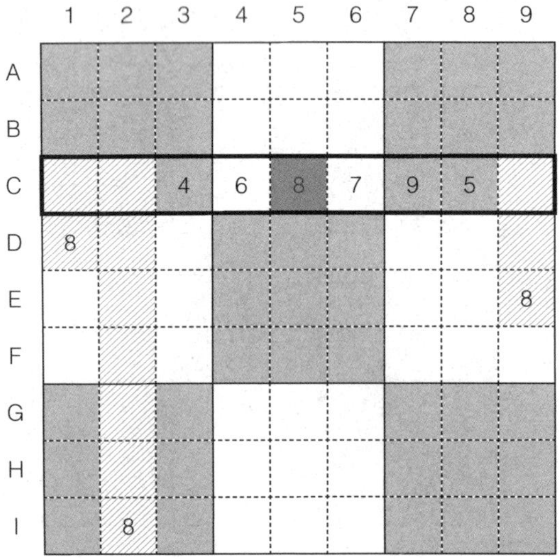

2-1-5　使用宫摒除法找出数字 2 在 4 列中的位置。

4 列中，D4、E4、F4 由于其所在宫已经有数字 2 而确定不是 2，这样可能的位置只剩下 C4。

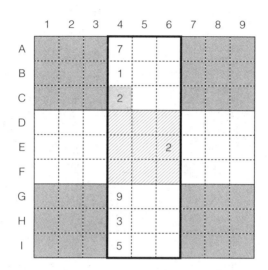

2-1-6　使用撑点定位法找出数字 8 在左上宫及中上宫中的位置。

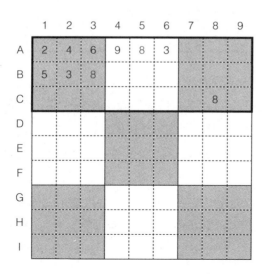

2-1-7　使用撑点定位法和基础摒除法找出数字 2 在中下宫及右下宫中的位置。

首先，由 G 行和 5 列的摒除可以确定 2 在中下宫的位置是 H4；然后根据 G 行、H 行、7 列和 9 列的摒除确定 2 在右下宫的位置是 I8，如下图所示。

	1	2	3	4	5	6	7	8	9
A	1	2	9			8	7		
B	7				2		4		1
C	5	6							2
D	2			9	5	3			4
E		1			6		9	7	
F		3	4	1			2		
G				2			6		
H		8			2		4	5	3
I					6	7	5		2

2-1-8　找出方格中数字的解。

本题原意是让读者采用区块摒除法找出答案，但考虑到数独谜题需要的是综合能力，故只要答案正确即可，并不强求解题思路。当然了，读者可以参考答案解析，巩固一下区块排除法的几种情况。

（1）4

由 G3 可以断定，数字 4 在左中宫中可能出现的位置是 F1、F2 区块，因此可以将 4 从 F 行中的其他位置摒除。由 A8 和 H9 可以将 4 从 8 列和 9 列摒除，故可确定方格中的数字是 4，如下图所示。

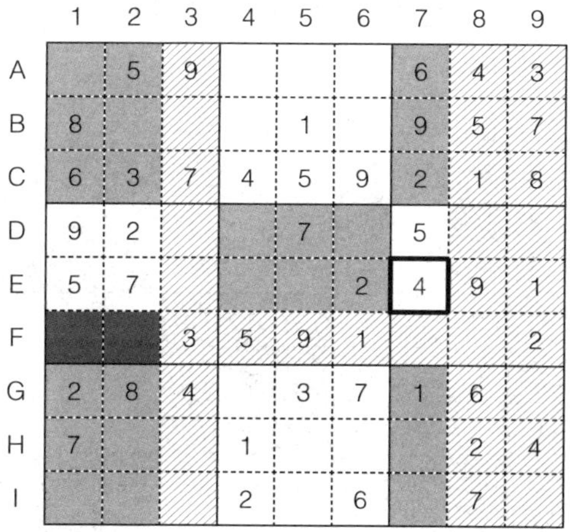

	1	2	3	4	5	6	7	8	9
A		5	9				6	4	3
B	8				1		9	5	7
C	6	3	7	4	5	9	2	1	8
D		9	2			7		5	
E		5	7				2	**4**	9	1
F				3	5	9	1		2
G	2	8	4		3	7		1	6
H	7				1			2	4
I					2		6		7

（2）9

由 D7 和 I5 可以确定中间宫中可能出现 9 的位置是 E4 和 F4 区块。因此可以将 9 从 4 列中摒除。此时可确定方格中的数字是 9，如下图所示。

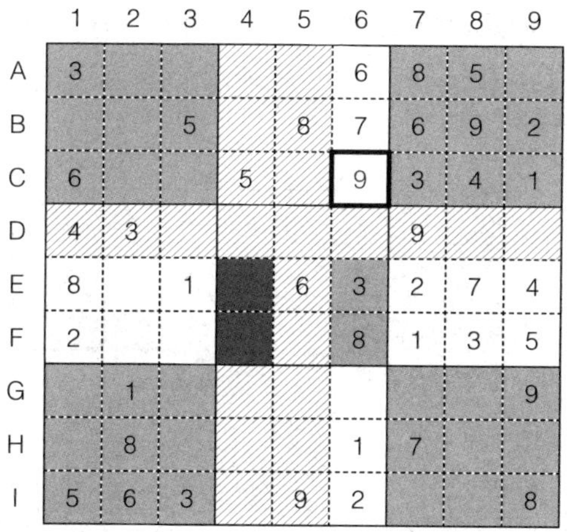

	1	2	3	4	5	6	7	8	9
A	3					6	8	5	
B			5		8	7	6	9	2
C	6			5		**9**	3	4	1
D	4	3					9		
E	8		1		6	3	2	7	4
F	2					8	1	3	5
G		1							9
H		8				1	7		
I	5	6	3		9	2			8

（3）5

由 E2 可以确定 5 在左上宫中可能出现在 B1 或 B3。因此可以将 5

从B行中的其他位置摒除掉，由此可得方块中的数字是5，如下图所示。

	1	2	3	4	5	6	7	8	9
A	6		1	7	5	4	3	9	8
B						1	4		
C	4		9	3	6	8	1		
D	2		8			5	7	3	
E		5	7					2	
F			6	2					1
G		6	5	4	3		8		
H	8					7	6	4	3
I	9	3	4	8		6	2	7	5

（4）6

由F9和H6可以确定，数字6在右下宫中可能出现在G7或I7，故可将6从7列的其他位置摒除。由A5将6从A行的其他位置摒除，最终确定方格中的数字是6，如下图所示。

	1	2	3	4	5	6	7	8	9
A	1				6	8	9		
B	6	5	9			3	4		1	8
C				1				6	3
D	5	9					2		
E		3			1	9		4	
F			8			3		9	6
G		7		3				8	
H		8			7	6			
I	3	6		9		2		7	

2-1-9 使用单元摒除法找出左中宫中 1 的位置。

左上宫和左下宫均已有 8 个已知数字，因此数字 1 在左上宫可能存在于 A2 或 A3 之间，在左下宫可能存在于 G3 或 H2。采用单元摒除法可以将整个 2、3 列中出现数字 1 的情况排除，此时在左中宫中，仅仅剩下 D1 和 F1 两个空格。F 行已有 1，因此数字 1 在左中宫的位置是 D1，如下图所示。

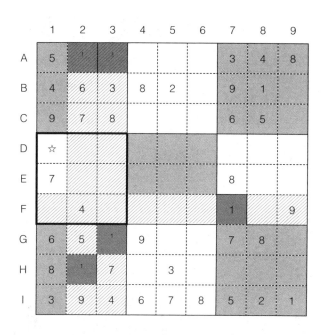

2-1-10 使用矩形摒除法找出右上宫中 1 的位置。

由 E1 可以将左中宫中其他位置的 1 摒除，此时在 D 行和 F 行，数字 1 可能出现的位置刚好形成一个矩形，故可将 1 从矩形所在的 5 列和 9 列的其他位置摒除。利用 A2 再进行一次行摒除，可得右上宫中，B7 = 1，如下图所示。

	1	2	3	4	5	6	7	8	9
A	5	1	9	8		7			6
B			8			5	1	2	
C	4	7			6	3	5	8	
D	6			7	1	2	4	9	1
E	1	9	7	3				6	5
F				6	1	9	7	3	1
G	7		6	4		1	8	5	
H		5	1				6		
I	8			5	7	6	9		

2-2-1　找出所有的唯一候选数。

	1	2	3	4	5	6	7	8	9
A	2,6,8	2,8	4,8	5	2,4,6,7,9	3	9	1,9	1,7
B	2,3	1	9	7	2,4,7	2,4,7	6	8	3,5,7
C	3,6	5	7	6,9	8	1,9	4	2	1,3
D	4	2,3	3,5	1	3,5,7	8	2,3,5	6	9
E	1,2,3,5,8,9	6	1,3,5,8	3,9	3,4,5,9	4,9	2,3,5	7	1,2,3,4,5
F	7	3	1,3,5	2	3,4,5,9	6	3,5	1,4	8
G	5,8	4	6	8,9	1	2,9	7	3	2
H	3,8	9	2	3,6,7,8	3,6,7	7	1	5	4,6
I	1,3,8	3,7,8	1,3,8	4	2,3,6,7,9	5	2,8,9	6,9	2,6

2-2-2 找出所有的隐性唯一候选数。

数字 9 在左上宫和 1 列唯一；数字 1 在右下宫和 9 列唯一；数字 4 在右上宫和 B 行唯一；数字 2 在右上宫和 C 行唯一；数字 4 在中下宫和 H 行唯一；数字 9 在 D 行唯一；数字 7 在 8 列唯一。

	1	2	3	4	5	6	7	8	9
A	3,5,6,9	5,6,7	3,5,7	2	4	3,6,7,8	5,7	1	5,8
B	2	6,7	7	5	1,6,7,8	6,7,8	4,7	9	3
C	8	1	4	3,7,9	7,9	3,7	2,5,7	6	5
D	1,3,5	2,5	1,2,3,5	6	2,5,9	2,3,4	8	2,3,4	7
E	3,5	2,5,7,8	6	3,4,7,8,9	2,5,7,8,9	2,3,4,7,8	1	2,3,4	5,9
F	4	2,5,7,8	9	3,7,8	2,5,7,8	1	2,3,5,6	2,3	5,6
G	1,6	3	1,2,8	1,7,8	1,2,6,7,8	2,6,7,8	9	5	4
H	7	9	1,8	1,4,8	1,6,8	5	3,6	3,8	2
I	1,5,6	4	1,2,5,8	1,7,8	3	9	6,7	7,8	1,6,8

2-2-3 利用候选数法找出题面中的数对。

数字 8、9 在 C 行和中上宫中形成数对；数字 7、8 在 I 行和右下宫中形成数对。

	1	2	3	4	5	6	7	8	9
A	5,8,9	5,6,9	4	1,2,8,9	7	3	5,6,8,9	1,6,8,9	1,2,5,6,8
B	7,8,9	3	7,9	5	2,8,9	4,6,8,9	6,8,9	1,6,7,8,9	1,2,6,7,8
C	2	5,6,9	1	8,9	8,9	6,8,9	4	3	5,6,7,8
D	6	4,5,9	5,9	7,8,9	1	5,7,8,9	5,8,9	2	3
E	1,5,9	1,5,9	8	4	3,5,9	2	7	1,6,9	1,5,6
F	3	7	2,5,9	8,9	6	5,8,9	5,8,9	1,8,9	4
G	1,4,5,7	8	6	3,7	3,5	5,7	2	4,7	9
H	4,7,9	2,4,9	2,3,7,9	2,3,7,8,9	2,3,8,9	1	3,6,8	5	6,7,8
I	5,7,9	2,5,9	2,3,5,7,9	6	4	5,7,8,9	1	7,8	7,8

2-2-4　找出题面中的三数集。

5、7、8在B行和左上宫形成三数集；7、8、9在右上宫形成三数集；3、8、9在左中宫形成三数集；7、8、9在F行形成三数集；7、8、9在右中宫形成三数集。

	1	2	3	4	5	6	7	8	9
A	6	2	4	7,8,9	5	1,7,8,9	7,8,9	3,7,9	7,8
B	5,8	7,8	5,7,8	4,6,7,8,9	3	2	1	7,9	4,7,8
C	9	1,3,7,8	3,7,8	4,6,7,8	1,6,7,8	1,4,6,7,8	2,4,6,7,8	2,3,7	5
D	7	3,8,9	3,8,9	1	6,8,9	3,6,8,9	5	4	2
E	4,8	5	3,8,9	2,4,7,8,9	7,8,9	3,4,7,8,9	7,8,9	6	1,7,8
F	2	6	1	4,7,8,9	7,8,9	5	7,8,9	7,9	3
G	3	1,4,7,8,9	2,5,7,8,9	5,7,8,9	1,7,8,9	1,7,8,9	2,4,7	1,2,5,7	6
H	1,5,8	1,7,8,9	6	3	4	1,7,8,9	2,7	1,2,5,7	1,7
I	1,4,5	1,4,7	5,7	5,6,7	2	1,6,7	3	8	9

2-3-1　使用二链匹配删减法删去多余候选数。

可以看到 D4、H4 和 D8、H8 中，数字 7 要么出现在 D4 和 H8，要么出现在 H4 和 D8，因此可以将 D 行和 H 行中其余格子里的候选数 7 删除。

	1	2	3	4	5	6	7	8	9
A	6	9	3,7,8	2	5,7	3,5,7	3,7,8	4	1
B	2	3,7,8	4	1	6	3,7	5	9	3,7,8
C	1	5	3,7	8	4	9	6	2	3,7
D	3,4,7,8	3,7,8	5	7,9	2,7,8,9	6	1	3,7	2,3,4,7,8
E	7,8,9	6	2,7,8,9	3	1	4	7,8	5	2,7,8
F	3,4,7,8	1	2,3,7,8	5	2,7,8	2,7	9	6	2,3,4,7,8
G	3,7,9	4	3,7,9	6	3,7,9	8	2	1	5
H	3,7,8,9	3,7,8	1	7,9	2,5	2,5	3,7	4	6
I	5	2	6	4	3,7	1	3,7	8	9

2-3-2　列出候选数，寻找符合 XY 匹配条件的组合。

A2、B3 和 I2 形成 XY 匹配，故可以删去 H3 格子中的候选数 4。

A2、I2 和 G1 也形成 XY 匹配，故可以删去 B1、C1 格子中的候选数 8，如下图所示。

	1	2	3	4	5	6	7	8	9
A	9		1,3,6,8	2	4	1,3,7,8	5,7	5,8	5,6,8
B	4,7,8	5		6	9	7,8	2	3	1
C	1,3,6,7,8	2	1,3,6,8	1,8	5	1,3,7,8	4,7	9	4,6,8
D	1,4,6,8	9	1,4,5,6,8	7	1,6	4,8	3	2	4,5,8
E	1,4,8	4,8	2	9	3	5	6	1,4,8	7
F	1,3,4,6,8	7	1,3,4,5,6,8	1,6	2	5	9	1,4,5,8	4,5,8
G	4,8	6	9	1,4,5	2	1,4	1,4,5,8	7	3
H	5	1	3,4,8	3,4	7	9	4,8	6	2
I	2		7	1,3,4,5	8	6	1,4,5	4,5	9

2-3-3 列出候选数，寻找符合 XYZ 匹配条件的组合。

F1、F9 和 D9 中的 3 个数字 1、2、4 构成了 XYZ 匹配，故可以将它们共同影响的 F7 格中的 1 摒除，如下图所示。

	1	2	3	4	5	6	7	8	9
A	3,8	9	2	4,6	4,8	1	7	5	3,4,6
B	5	1,3,4	1,4,6,7	2	4,7	6,7,9	3,4,6	1,9	8
C	1,4,6	1,4,8	1,4,6,7	4,5,6,9	3	5,6,7,8,9	2	1,9	4,6
D	3,8	7	5	1,3	1,2,8	4	9	6	1,2
E	2	3,8	1,4	1,3,9	6	8,9	1,4,8	7	5
F	1,4	6	9	7	1,2,5	2,5,8	1,4,8	3	1,2,4
G	1,4,6	1,4,5	8	1,4,5,6	9	5,6,7	1,3,5,6	2	1,3,6,7
H	7	1,2,4,5	1,4,6	1,4,5,6	1,2,4,5	3	1,5,6	8	9
I	9	1,2,5	3	8	1,2,5,7	2,5,6,7	1,5,6	4	1,6,7

2-3-4 列出候选数，寻找符合 WXYZ 匹配条件的组合。

如下图所示，C1、B2、C3、C8 中的 3、4、5、9 这 4 个候选数构成了 WXYZ 匹配，故可以将 B7 和 B9 格中的候选数 3 摒除，如下图所示。

	1	2	3	4	5	6	7	8	9
A	2,4,5,7	1,3,5	1,2,5,7	3,6,4,7	2,3,6,7	2,4,7	8	4,5,6	9
B	2,4,7,9	3,9	8	3,4,6,7,9	2,3,6,7,9	5	1,3	4,6	1,3,6
C	4,5,9	6	5,9	1	3,8,9	4,8,9	7	4,5	2
D	5,8,9	5,8,9	2,5,6,9	6,7,9	1,5,6,7,9	3	1,2,5,9	2,7,9	4
E	2,5,9	7	2,3,5,6,9	6,9	4	1,9	1,2,3,5,9	8	1,3,5
F	1	4	3,5,9	2	5,7,8,9	7,8,9	6	7,9	3,5,7
G	3	5,8,9	4	7,8,9	2,7,9	6	2,5,9	1	5,7,8
H	7,8,9	2	1,7,9	5	1,7,9	1,7,9	4	3	6,7,8
I	6	1,5,8,9	1,5,7,9	3,4,7,8,9	1,2,3,7,9	1,2,4,7,9	2,5,9	2,7,9	5,7,8

2-3-5　利用唯一矩形删减法找出 B2 的值。

可以看到，B1、C1、B5、C5 中都存在候选数 3 和 8，这种情况下便可确定 B1 格的数字是 9，否则将形成致命模式，如下图所示。

	1	2	3	4	5	6	7	8	9
A	1	8,9	6	5	7	2	8,9	3	4
B	3,8,9	7	2	6	3,8	4	1,8	1,8,9	5
C	3,8	4	5	1	3,8	9	6	2	7
D	2	3,6,9	1,4	3,9	1,4	6,8	5	7	8,9
E	7	3,9	1,4	3,8,9	2	5	1,8,9	1,4,8,9	6
F	6,9	5	8	4,9	1,4,6	7	2	1,4,9	3
G	5	1	9	4,8	4,6	3	7	6,8	2
H	6,8	2	3	7	5	1	4	6,8,9	8,9
I	4	6,8	7	2	9	6,8	3	5	1

2-3-6　使用关键数删减法删除多余候选数。

由于 C5 中的候选数 1 和 C7 与 F5 方格产生冲突，故可以将其删除，C5 和 G5 形成数对，故删除 E5 中的候选数 2；之后 E5 和 E7 形成数对，删除 E6 中候选数 1，如下图所示。

	1	2	3	4	5	6	7	8	9
A	1,8	1,3,7	1,7,8	4	9	6	2	1,3,8	5
B	5	1,3,6	1,2,6,8	2,3,8	7	1,2	9	1,3,6,8	4
C	4	9	1,2,6,8	2,3,5,8	~~1~~,2,3	1,2,5	1,6	7	1,3,6,8
D	9	1,6	5	7	8	4	3	2	1,6
E	7	8	3	2,5	1,2,6	1,2,5	1,6	4	9
F	1,6	2	4	9	1,6	3	8	5	7
G	1,6,8	4	1,6,8	2,3	2,3	7	5	9	1,8
H	3	1,7	1,7,8	6	5	9	4	1,8	2
I	2	5	9	1	4	8	7	3,6	3,6

第3章 解谜思路

3-1 初级数独谜题。

（1）

	1	2	3	4	5	6	7	8	9
A	7	5	2	6	4	3	8	9	1
B	6	1	3	8	9	5	2	4	7
C	4	9	8	1	2	7	3	5	6
D	5	3	1	4	6	8	7	2	9
E	9	6	4	7	1	2	5	8	3
F	8	2	7	3	5	9	6	1	4
G	2	4	5	9	3	6	1	7	8
H	1	7	6	2	8	4	9	3	5
I	3	8	9	5	7	1	4	6	2

（2）

	1	2	3	4	5	6	7	8	9
A	8	5	3	9	2	4	1	6	7
B	9	7	1	5	8	6	4	2	3
C	4	2	6	7	1	3	8	9	5
D	7	3	8	1	4	9	6	5	2
E	5	1	2	3	6	7	9	8	4
F	6	4	9	8	5	2	3	7	1
G	2	8	5	4	9	1	7	3	6
H	1	9	7	6	3	5	2	4	8
I	3	6	4	2	7	8	5	1	9

（3）

	1	2	3	4	5	6	7	8	9
A	4	9	2	7	6	1	8	5	3
B	8	6	5	9	3	2	4	1	7
C	1	7	3	5	8	4	2	6	9
D	7	2	6	4	1	3	5	9	8
E	3	5	1	6	9	8	7	4	2
F	9	8	4	2	5	7	6	3	1
G	5	4	8	1	2	9	3	7	6
H	6	3	9	8	7	5	1	2	4
I	2	1	7	3	4	6	9	8	5

（4）

	1	2	3	4	5	6	7	8	9
A	3	6	8	4	1	5	2	9	7
B	1	2	7	9	8	3	5	6	4
C	9	4	5	2	6	7	8	1	3
D	5	3	2	6	7	1	9	4	8
E	4	8	1	3	5	9	7	2	6
F	6	7	9	8	4	2	3	5	1
G	7	1	3	5	9	4	6	8	2
H	8	5	4	7	2	6	1	3	9
I	2	9	6	1	3	8	4	7	5

| 附录 | 本书练习题答案 |

（5）

	1	2	3	4	5	6	7	8	9
A	2	8	1	5	3	9	4	6	7
B	4	9	6	7	2	1	5	8	3
C	7	3	5	4	8	6	2	9	1
D	9	2	3	1	6	5	7	4	8
E	6	5	7	3	4	8	9	1	2
F	8	1	4	9	7	2	3	5	6
G	3	6	9	2	1	4	8	7	5
H	5	7	8	6	9	3	1	2	4
I	1	4	2	8	5	7	6	3	9

（6）

	1	2	3	4	5	6	7	8	9
A	6	4	2	5	3	8	9	7	1
B	3	1	9	7	4	2	6	5	8
C	7	8	5	6	1	9	3	2	4
D	8	7	4	1	5	3	2	6	9
E	9	2	3	8	6	4	7	1	5
F	1	5	6	9	2	7	8	4	3
G	4	3	7	2	8	5	1	9	6
H	5	9	1	3	7	6	4	8	2
I	2	6	8	4	9	1	5	3	7

（7）

	1	2	3	4	5	6	7	8	9
A	1	8	6	2	4	7	5	3	9
B	4	5	2	9	6	3	8	7	1
C	3	7	9	8	5	1	2	4	6
D	9	3	4	1	2	6	7	5	8
E	6	2	7	5	8	4	9	1	3
F	8	1	5	7	3	9	4	6	2
G	2	6	8	4	1	5	3	9	7
H	7	4	1	3	9	8	6	2	5
I	5	9	3	6	7	2	1	8	4

（8）

	1	2	3	4	5	6	7	8	9
A	7	6	5	2	4	9	8	1	3
B	9	4	1	3	8	7	6	5	2
C	8	3	2	1	5	6	9	4	7
D	6	9	3	4	1	5	7	2	8
E	2	1	7	8	6	3	4	9	5
F	4	5	8	7	9	2	3	6	1
G	3	7	6	5	2	4	1	8	9
H	1	2	9	6	3	8	5	7	4
I	5	8	4	9	7	1	2	3	6

（9）

	1	2	3	4	5	6	7	8	9
A	3	5	7	2	9	1	6	4	8
B	9	4	1	3	6	8	5	7	2
C	6	8	2	4	7	5	3	1	9
D	1	9	5	8	2	4	7	3	6
E	4	6	3	9	5	7	2	8	1
F	7	2	8	6	1	3	4	9	5
G	5	7	6	1	4	9	8	2	3
H	2	3	9	7	8	6	1	5	4
I	8	1	4	5	3	2	9	6	7

（10）

	1	2	3	4	5	6	7	8	9
A	4	8	6	3	1	5	7	2	9
B	1	9	3	7	8	2	4	5	6
C	5	2	7	6	9	4	3	1	8
D	8	5	2	4	7	6	9	3	1
E	6	3	1	2	5	9	8	7	4
F	9	7	4	8	3	1	2	6	5
G	7	4	5	9	6	3	1	8	2
H	3	6	9	1	2	8	5	4	7
I	2	1	8	5	4	7	6	9	3

（11）

	1	2	3	4	5	6	7	8	9
A	4	6	7	3	1	8	2	5	9
B	3	8	9	2	5	4	7	1	6
C	1	2	5	7	6	9	8	4	3
D	2	9	4	1	7	5	3	6	8
E	8	7	1	6	9	3	5	2	4
F	5	3	6	8	4	2	1	9	7
G	7	1	8	9	2	6	4	3	5
H	6	5	3	4	8	1	9	7	2
I	9	4	2	5	3	7	6	8	1

（12）

	1	2	3	4	5	6	7	8	9
A	2	1	4	6	9	5	7	8	3
B	9	8	7	4	3	1	2	5	6
C	6	3	5	7	8	2	4	1	9
D	1	9	6	2	7	4	8	3	5
E	4	2	3	8	5	9	1	6	7
F	5	7	8	3	1	6	9	4	2
G	3	5	9	1	4	7	6	2	8
H	8	6	1	9	2	3	5	7	4
I	7	4	2	5	6	8	3	9	1

（13）

	1	2	3	4	5	6	7	8	9
A	9	1	7	5	8	3	2	4	6
B	3	6	4	2	7	1	9	5	8
C	5	8	2	6	4	9	7	3	1
D	1	2	9	4	6	7	5	8	3
E	8	7	5	3	1	2	6	9	4
F	6	4	3	8	9	5	1	7	2
G	4	5	1	7	3	6	8	2	9
H	2	9	8	1	5	4	3	6	7
I	7	3	6	9	2	8	4	1	5

（14）

	1	2	3	4	5	6	7	8	9
A	8	7	3	4	2	6	9	5	1
B	5	1	6	9	3	8	7	4	2
C	2	9	4	7	1	5	8	6	3
D	9	5	1	2	6	4	3	7	8
E	3	2	8	1	5	7	4	9	6
F	4	6	7	8	9	3	1	2	5
G	6	4	5	3	8	9	2	1	7
H	1	3	9	6	7	2	5	8	4
I	7	8	2	5	4	1	6	3	9

（15）

	1	2	3	4	5	6	7	8	9
A	7	2	4	3	5	6	9	8	1
B	5	9	1	8	2	7	3	4	6
C	6	3	8	9	1	4	2	5	7
D	9	8	2	4	6	1	5	7	3
E	3	6	5	7	8	9	4	1	2
F	4	1	7	2	3	5	6	9	8
G	8	4	9	6	7	3	1	2	5
H	2	5	3	1	4	8	7	6	9
I	1	7	6	5	9	2	8	3	4

（16）

	1	2	3	4	5	6	7	8	9
A	5	4	2	8	3	7	6	9	1
B	3	1	9	4	2	6	5	7	8
C	6	7	8	1	9	5	4	2	3
D	9	2	3	6	5	1	7	8	4
E	8	6	4	9	7	3	1	5	2
F	1	5	7	2	8	4	9	3	6
G	2	3	1	7	4	9	8	6	5
H	4	9	5	3	6	8	2	1	7
I	7	8	6	5	1	2	3	4	9

(17)

	1	2	3	4	5	6	7	8	9
A	7	9	4	6	2	1	5	8	3
B	5	8	6	4	3	9	2	7	1
C	1	2	3	7	5	8	6	4	9
D	4	3	8	2	7	6	1	9	5
E	6	5	9	3	1	4	7	2	8
F	2	7	1	9	8	5	3	6	4
G	9	1	7	5	4	2	8	3	6
H	3	4	5	8	6	7	9	1	2
I	8	6	2	1	9	3	4	5	7

(18)

	1	2	3	4	5	6	7	8	9
A	5	3	6	4	2	9	1	7	8
B	2	1	8	7	6	3	9	5	4
C	9	7	4	1	5	8	3	6	2
D	7	5	9	2	8	1	6	4	3
E	4	2	3	5	7	6	8	1	9
F	6	8	1	3	9	4	7	2	5
G	8	9	5	6	4	7	2	3	1
H	1	4	7	8	3	2	5	9	6
I	3	6	2	9	1	5	4	8	7

(19)

	1	2	3	4	5	6	7	8	9
A	3	6	1	5	9	4	2	7	8
B	7	5	8	6	1	2	3	4	9
C	9	4	2	3	7	8	6	1	5
D	4	7	6	1	2	5	9	8	3
E	8	1	9	4	3	6	7	5	2
F	2	3	5	7	8	9	4	6	1
G	6	9	7	2	5	1	8	3	4
H	5	2	4	8	6	3	1	9	7
I	1	8	3	9	4	7	5	2	6

(20)

	1	2	3	4	5	6	7	8	9
A	9	5	6	2	4	3	1	8	7
B	7	3	2	8	1	6	5	9	4
C	8	4	1	7	9	5	2	6	3
D	6	1	8	3	7	2	9	4	5
E	4	2	5	9	8	1	3	7	6
F	3	9	7	5	6	4	8	1	2
G	5	8	9	4	2	7	6	3	1
H	2	6	4	1	3	8	7	5	9
I	1	7	3	6	5	9	4	2	8

| 附录 | 本书练习题答案 |

(21)

	1	2	3	4	5	6	7	8	9
A	6	1	3	9	5	8	2	4	7
B	8	2	4	7	6	3	5	1	9
C	9	5	7	2	4	1	6	8	3
D	3	7	2	4	1	5	8	9	6
E	5	4	6	8	9	2	7	3	1
F	1	9	8	3	7	6	4	5	2
G	4	8	9	1	2	7	3	6	5
H	7	3	5	6	8	9	1	2	4
I	2	6	1	5	3	4	9	7	8

(22)

	1	2	3	4	5	6	7	8	9
A	1	6	8	7	4	9	5	2	3
B	5	3	9	6	2	8	7	4	1
C	2	4	7	3	1	5	8	9	6
D	6	7	2	9	5	4	1	3	8
E	3	1	4	8	6	2	9	5	7
F	8	9	5	1	3	7	4	6	2
G	4	8	6	5	7	3	2	1	9
H	9	5	1	2	8	6	3	7	4
I	7	2	3	4	9	1	6	8	5

(23)

	1	2	3	4	5	6	7	8	9
A	3	8	2	9	1	6	5	4	7
B	7	1	5	3	4	2	8	9	6
C	6	9	4	8	5	7	2	3	1
D	8	2	6	1	3	4	9	7	5
E	5	7	3	2	8	9	1	6	4
F	1	4	9	7	6	5	3	2	8
G	2	5	7	6	9	1	4	8	3
H	4	6	8	5	2	3	7	1	9
I	9	3	1	4	7	8	6	5	2

(24)

	1	2	3	4	5	6	7	8	9
A	7	6	5	3	8	2	4	1	9
B	1	9	3	4	6	7	8	5	2
C	8	2	4	5	9	1	7	6	3
D	5	4	8	7	2	9	1	3	6
E	9	1	2	6	4	3	5	7	8
F	3	7	6	1	5	8	2	9	4
G	4	5	9	8	7	6	3	2	1
H	2	3	7	9	1	4	6	8	5
I	6	8	1	2	3	5	9	4	7

（25）

	1	2	3	4	5	6	7	8	9
A	4	9	8	5	7	3	2	1	6
B	3	1	7	2	6	4	9	5	8
C	5	2	6	9	8	1	3	4	7
D	7	6	5	3	4	2	1	8	9
E	1	4	3	8	9	7	6	2	5
F	9	8	2	1	5	6	4	7	3
G	8	5	4	6	1	9	7	3	2
H	6	3	1	7	2	5	8	9	4
I	2	7	9	4	3	8	5	6	1

（26）

	1	2	3	4	5	6	7	8	9
A	2	8	5	4	6	7	1	3	9
B	4	3	6	1	9	8	2	5	7
C	1	7	9	2	3	5	4	8	6
D	3	4	8	7	1	9	5	6	2
E	6	9	7	5	4	2	8	1	3
F	5	2	1	3	8	6	9	7	4
G	8	1	3	9	7	4	6	2	5
H	9	6	2	8	5	3	7	4	1
I	7	5	4	6	2	1	3	9	8

（27）

	1	2	3	4	5	6	7	8	9
A	1	2	8	7	9	3	5	4	6
B	7	9	3	6	5	4	8	1	2
C	4	6	5	8	2	1	7	3	9
D	5	1	4	2	7	6	3	9	8
E	9	7	2	3	8	5	1	6	4
F	8	3	6	1	4	9	2	7	5
G	3	5	1	4	6	8	9	2	7
H	2	4	9	5	3	7	6	8	1
I	6	8	7	9	1	2	4	5	3

（28）

	1	2	3	4	5	6	7	8	9
A	2	7	6	5	4	8	9	3	1
B	3	8	4	2	1	9	5	7	6
C	9	1	5	6	7	3	8	2	4
D	7	4	9	1	6	2	3	5	8
E	1	5	8	3	9	7	4	6	2
F	6	3	2	4	8	5	1	9	7
G	4	2	1	9	3	6	7	8	5
H	8	6	3	7	5	4	2	1	9
I	5	9	7	8	2	1	6	4	3

（29）

	1	2	3	4	5	6	7	8	9
A	9	7	3	4	8	1	5	6	2
B	4	8	6	2	5	9	7	3	1
C	1	2	5	7	3	6	4	9	8
D	7	4	1	8	9	2	6	5	3
E	5	3	2	6	1	4	9	8	7
F	8	6	9	3	7	5	2	1	4
G	6	9	4	1	2	3	8	7	5
H	2	1	7	5	6	8	3	4	9
I	3	5	8	9	4	7	1	2	6

（30）

	1	2	3	4	5	6	7	8	9
A	9	2	5	1	3	4	7	6	8
B	4	8	6	5	9	7	2	1	3
C	1	7	3	8	6	2	9	4	5
D	5	1	8	3	4	9	6	2	7
E	3	6	9	2	7	1	5	8	4
F	7	4	2	6	5	8	1	3	9
G	6	9	4	7	1	3	8	5	2
H	8	3	1	9	2	5	4	7	6
I	2	5	7	4	8	6	3	9	1

（31）

	1	2	3	4	5	6	7	8	9
A	8	1	3	6	2	9	7	5	4
B	9	2	5	8	7	4	3	1	6
C	4	7	6	5	1	3	8	9	2
D	2	5	9	3	6	7	1	4	8
E	1	6	4	2	5	8	9	3	7
F	7	3	8	9	4	1	6	2	5
G	3	4	1	7	8	5	2	6	9
H	5	8	2	1	9	6	4	7	3
I	6	9	7	4	3	2	5	8	1

（32）

	1	2	3	4	5	6	7	8	9
A	7	1	9	2	3	4	6	5	8
B	3	6	8	1	5	7	4	9	2
C	2	4	5	6	9	8	7	3	1
D	8	3	6	4	7	9	1	2	5
E	1	9	2	5	6	3	8	4	7
F	4	5	7	8	2	1	3	6	9
G	9	7	4	3	1	2	5	8	6
H	6	2	3	7	8	5	9	1	4
I	5	8	1	9	4	6	2	7	3

(33)

	1	2	3	4	5	6	7	8	9
A	3	7	2	5	8	9	1	4	6
B	1	6	9	4	2	3	8	7	5
C	4	5	8	6	7	1	9	2	3
D	5	9	1	8	4	2	2	3	7
E	2	4	6	3	1	7	5	8	9
F	7	8	3	9	6	5	4	1	2
G	6	1	7	2	5	4	3	9	8
H	9	2	5	1	3	8	7	6	4
I	8	3	4	7	9	6	2	5	1

(34)

	1	2	3	4	5	6	7	8	9
A	8	3	2	1	7	6	5	9	4
B	7	9	6	2	4	5	3	1	8
C	5	4	1	9	3	8	6	7	2
D	1	2	9	5	8	7	4	3	6
E	6	5	7	4	9	3	2	8	1
F	3	8	4	6	2	1	7	5	9
G	9	6	5	7	1	2	8	4	3
H	2	1	8	3	5	4	9	6	7
I	4	7	3	8	6	9	1	2	5

(35)

	1	2	3	4	5	6	7	8	9
A	8	2	3	9	6	7	1	5	4
B	4	5	6	1	3	8	9	2	7
C	1	7	9	5	4	2	6	8	3
D	6	8	5	4	2	9	3	7	1
E	9	4	7	3	8	1	5	6	2
F	2	3	1	7	5	6	8	4	9
G	5	1	2	6	7	3	4	9	8
H	7	9	4	8	1	5	2	3	6
I	3	6	8	2	9	4	7	1	5

(36)

	1	2	3	4	5	6	7	8	9
A	5	3	4	9	6	8	7	1	2
B	6	7	9	5	1	2	4	3	8
C	1	2	8	3	4	7	5	9	6
D	3	4	1	8	5	6	9	2	7
E	8	9	6	7	2	4	3	5	1
F	2	5	7	1	9	3	6	8	4
G	4	6	3	2	8	9	1	7	5
H	9	8	5	6	7	1	2	4	3
I	7	1	2	4	3	5	8	6	9

（37）

	1	2	3	4	5	6	7	8	9
A	6	7	4	9	5	2	8	1	3
B	2	8	5	1	6	3	4	7	9
C	1	3	9	4	8	7	5	2	6
D	3	2	7	8	4	6	1	9	5
E	5	6	1	3	2	9	7	8	4
F	4	9	8	5	7	1	6	3	2
G	7	5	2	6	9	8	3	4	1
H	9	1	6	7	3	4	2	5	8
I	8	4	3	2	1	5	9	6	7

（38）

	1	2	3	4	5	6	7	8	9
A	5	8	7	9	4	2	6	3	1
B	6	2	1	8	5	3	4	7	9
C	3	9	4	7	6	1	5	8	2
D	1	5	9	3	2	4	8	6	7
E	2	4	8	6	7	5	9	1	3
F	7	6	3	1	9	8	2	4	5
G	9	1	2	4	8	7	3	5	6
H	4	7	6	5	3	9	1	2	8
I	8	3	5	2	1	6	7	9	4

（39）

	1	2	3	4	5	6	7	8	9
A	3	2	5	1	6	9	7	4	8
B	6	8	9	2	7	4	1	5	3
C	4	7	1	3	5	8	9	2	6
D	8	9	4	6	2	1	5	3	7
E	5	6	2	7	9	3	8	1	4
F	7	1	3	8	4	5	6	9	2
G	1	5	8	4	3	7	2	6	9
H	2	4	7	9	1	6	3	8	5
I	9	3	6	5	8	2	4	7	1

（40）

	1	2	3	4	5	6	7	8	9
A	7	3	6	5	1	9	2	8	4
B	1	2	5	4	8	3	7	6	9
C	4	8	9	2	7	6	5	1	3
D	5	7	2	8	6	4	9	3	1
E	6	4	3	1	9	2	8	5	7
F	9	1	8	3	5	7	6	4	2
G	8	6	4	9	2	1	3	7	5
H	3	9	7	6	4	5	1	2	8
I	2	5	1	7	3	8	4	9	6

(41)

	1	2	3	4	5	6	7	8	9
A	9	8	1	6	5	7	4	2	3
B	6	2	5	4	9	3	7	1	8
C	4	7	3	1	8	2	6	9	5
D	2	9	6	3	7	1	8	5	4
E	7	3	8	5	4	9	1	6	2
F	5	1	4	8	2	6	9	3	7
G	1	6	2	7	3	4	5	8	9
H	8	4	9	2	6	5	3	7	1
I	3	5	7	9	1	8	2	4	6

(42)

	1	2	3	4	5	6	7	8	9
A	8	4	9	5	2	6	3	1	7
B	2	3	5	7	1	8	6	9	4
C	1	6	7	9	4	3	8	5	2
D	4	9	8	2	7	5	1	6	3
E	3	7	2	8	6	1	5	4	9
F	6	5	1	4	3	9	7	2	8
G	9	8	6	3	5	2	4	7	1
H	5	2	4	1	8	7	9	3	6
I	7	1	3	6	9	4	2	8	5

(43)

	1	2	3	4	5	6	7	8	9
A	4	8	3	9	5	7	1	2	6
B	5	2	6	8	3	1	7	4	9
C	1	9	7	4	2	6	5	8	3
D	6	3	8	7	1	2	4	9	5
E	7	1	9	5	6	4	2	3	8
F	2	5	4	3	8	9	6	7	1
G	8	4	5	1	7	3	9	6	2
H	3	7	2	6	9	5	8	1	4
I	9	6	1	2	4	8	3	5	7

(44)

	1	2	3	4	5	6	7	8	9
A	6	2	9	8	1	5	4	7	3
B	1	7	8	4	9	3	6	5	2
C	3	4	5	6	2	7	8	1	9
D	7	8	3	2	4	9	1	6	5
E	9	1	2	7	5	6	3	4	8
F	4	5	6	1	3	8	2	9	7
G	8	6	4	5	7	2	9	3	1
H	2	9	7	3	6	1	5	8	4
I	5	3	1	9	8	4	7	2	6

（45）

	1	2	3	4	5	6	7	8	9
A	9	2	1	4	5	7	8	3	6
B	4	3	7	8	2	6	5	1	9
C	5	8	6	9	3	1	2	7	4
D	2	4	9	7	1	8	6	5	3
E	3	7	5	2	6	4	9	8	1
F	6	1	8	5	9	3	4	2	7
G	8	6	2	1	7	9	3	4	5
H	7	9	4	3	8	5	1	6	2
I	1	5	3	6	4	2	7	9	8

（46）

	1	2	3	4	5	6	7	8	9
A	8	5	4	2	9	3	1	7	6
B	9	2	7	6	4	1	8	3	5
C	6	1	3	5	8	7	2	4	9
D	1	8	9	4	3	6	5	2	7
E	5	3	6	8	7	2	4	9	1
F	7	4	2	1	5	9	6	8	3
G	2	7	1	9	6	4	3	5	8
H	4	9	5	3	1	8	7	6	2
I	3	6	8	7	2	5	9	1	4

（47）

	1	2	3	4	5	6	7	8	9
A	3	6	8	7	5	2	1	4	9
B	1	5	7	4	9	3	6	2	8
C	2	9	4	6	8	1	3	7	5
D	4	1	2	8	7	9	5	6	3
E	7	8	6	1	3	5	2	9	4
F	5	3	9	2	6	4	7	8	1
G	8	2	3	9	1	7	4	5	6
H	9	4	1	5	2	6	8	3	7
I	6	7	5	3	4	8	9	1	2

（48）

	1	2	3	4	5	6	7	8	9
A	1	8	6	4	5	9	7	2	3
B	5	7	3	6	2	1	9	4	8
C	9	4	2	7	3	8	5	6	1
D	7	1	9	8	4	6	3	5	2
E	4	3	5	1	7	2	6	8	9
F	6	2	8	3	9	5	4	1	7
G	8	6	4	9	1	3	2	7	5
H	2	9	7	5	8	4	1	3	6
I	3	5	1	2	6	7	8	9	4

(49)

	1	2	3	4	5	6	7	8	9
A	2	9	4	1	7	6	3	8	5
B	3	5	6	4	9	8	2	7	1
C	8	1	7	2	3	5	6	9	4
D	6	3	2	7	5	1	8	4	9
E	7	4	9	3	8	2	1	5	6
F	1	8	5	6	4	9	7	2	3
G	9	7	1	8	6	4	5	3	2
H	4	2	3	5	1	7	9	6	8
I	5	6	8	9	2	3	4	1	7

(50)

	1	2	3	4	5	6	7	8	9
A	9	3	6	4	5	2	1	7	8
B	1	7	8	6	3	9	5	4	2
C	2	4	5	1	7	8	3	9	6
D	8	5	7	2	6	1	9	3	4
E	3	1	2	7	9	4	6	8	5
F	4	6	9	5	8	3	7	2	1
G	5	8	4	3	1	7	2	6	9
H	7	2	1	9	4	6	8	5	3
I	6	9	3	8	2	5	4	1	7

3-2 中级数独迷题。

(1)

	1	2	3	4	5	6	7	8	9
A	3	9	1	5	8	4	7	6	2
B	6	4	7	1	3	2	8	9	5
C	8	2	5	7	6	9	1	3	4
D	2	5	8	9	1	6	3	4	7
E	4	7	9	3	2	8	6	5	1
F	1	3	6	4	5	7	2	8	9
G	7	1	4	8	9	3	5	2	6
H	5	8	2	6	4	1	9	7	3
I	9	6	3	2	7	5	4	1	8

(2)

	1	2	3	4	5	6	7	8	9
A	7	2	5	6	4	8	1	9	3
B	3	1	9	2	7	5	6	8	4
C	6	8	4	1	3	9	5	7	2
D	5	3	8	4	6	7	2	1	9
E	1	9	6	5	8	2	4	3	7
F	2	4	7	9	1	3	8	6	5
G	8	6	3	7	2	4	9	5	1
H	4	5	1	3	9	6	7	2	8
I	9	7	2	8	5	1	3	4	6

附录 | 本书练习题答案

（3）

	1	2	3	4	5	6	7	8	9
A	4	2	1	5	7	3	6	8	9
B	6	7	5	8	9	4	3	2	1
C	3	8	9	2	1	6	5	7	4
D	8	1	3	7	4	5	9	6	2
E	7	5	4	6	2	9	8	1	3
F	9	6	2	3	8	1	4	5	7
G	1	9	8	4	5	2	7	3	6
H	2	3	7	9	6	8	1	4	5
I	5	4	6	1	3	7	2	9	8

（4）

	1	2	3	4	5	6	7	8	9
A	3	9	7	8	2	6	4	1	5
B	5	1	4	7	3	9	8	6	2
C	2	6	8	5	4	1	9	3	7
D	7	4	9	2	1	8	6	5	3
E	6	3	2	4	5	7	1	8	9
F	8	5	1	9	6	3	7	2	4
G	1	2	5	6	9	4	3	7	8
H	9	7	3	1	8	5	2	4	6
I	4	8	6	3	7	2	5	9	1

（5）

	1	2	3	4	5	6	7	8	9
A	8	5	4	2	1	6	7	3	9
B	6	9	3	8	7	4	5	2	1
C	2	1	7	5	9	3	4	8	6
D	7	4	8	9	6	5	3	1	2
E	1	6	9	7	3	2	8	5	4
F	3	2	5	4	8	1	9	6	7
G	4	7	6	3	2	8	1	9	5
H	5	8	1	6	4	9	2	7	3
I	9	3	2	1	5	7	6	4	8

（6）

	1	2	3	4	5	6	7	8	9
A	1	9	4	6	7	5	3	8	2
B	6	2	7	8	9	3	4	1	5
C	3	5	8	2	4	1	6	7	9
D	2	4	1	7	3	6	9	5	8
E	7	6	9	1	5	8	2	4	3
F	8	3	5	4	2	9	1	6	7
G	9	1	6	3	8	7	5	2	4
H	5	8	2	9	1	4	7	3	6
I	4	7	3	5	6	2	8	9	1

（7）

	1	2	3	4	5	6	7	8	9
A	4	2	5	7	1	3	8	6	9
B	8	6	3	2	9	4	1	5	7
C	1	7	9	5	6	8	2	3	4
D	5	3	1	6	7	2	9	4	8
E	6	4	8	1	3	9	5	7	2
F	7	9	2	4	8	5	3	1	6
G	9	8	4	3	5	7	6	2	1
H	3	1	7	8	2	6	4	9	5
I	2	5	6	9	4	1	7	8	3

（8）

	1	2	3	4	5	6	7	8	9
A	9	1	2	4	7	6	8	5	3
B	7	5	3	1	9	8	4	2	6
C	4	8	6	5	2	3	1	7	9
D	8	6	5	9	4	7	3	1	2
E	3	4	7	6	1	2	9	8	5
F	2	9	1	8	3	5	6	4	7
G	1	2	8	7	6	9	5	3	4
H	6	3	4	2	5	1	7	9	8
I	5	7	9	3	8	4	2	6	1

（9）

	1	2	3	4	5	6	7	8	9
A	2	1	6	4	9	5	8	7	3
B	9	4	8	7	3	6	1	5	2
C	3	5	7	1	2	8	4	6	9
D	1	2	5	8	7	3	9	4	6
E	6	8	9	5	1	4	3	2	7
F	7	3	4	9	6	2	5	8	1
G	4	9	3	2	8	7	6	1	5
H	8	7	1	6	5	9	2	3	4
I	5	6	2	3	4	1	7	9	8

（10）

	1	2	3	4	5	6	7	8	9
A	5	4	1	8	3	9	7	6	2
B	2	7	9	6	5	4	1	3	8
C	6	3	8	2	1	7	5	9	4
D	4	9	5	7	2	3	8	1	6
E	8	2	3	5	6	1	4	7	9
F	7	1	6	4	9	8	3	2	5
G	1	6	7	9	4	5	2	8	3
H	3	5	2	1	8	6	9	4	7
I	9	8	4	3	7	2	6	5	1

（11）

	1	2	3	4	5	6	7	8	9
A	5	2	9	3	7	6	8	4	1
B	1	7	8	5	2	4	3	9	6
C	3	4	6	1	8	9	2	7	5
D	8	9	7	4	1	5	6	2	3
E	6	5	2	7	9	3	1	8	4
F	4	1	3	2	6	8	9	5	7
G	2	6	1	8	4	7	5	3	9
H	7	8	5	9	3	1	4	6	2
I	9	3	4	6	5	2	7	1	8

（12）

	1	2	3	4	5	6	7	8	9
A	7	3	8	5	6	4	2	9	1
B	9	6	1	8	3	2	4	5	7
C	5	4	2	9	7	1	8	3	6
D	4	2	9	3	8	6	7	1	5
E	6	8	7	1	5	9	3	4	2
F	3	1	5	4	2	7	9	6	8
G	1	5	3	2	4	8	6	7	9
H	8	7	4	6	9	5	1	2	3
I	2	9	6	7	1	3	5	8	4

（13）

	1	2	3	4	5	6	7	8	9
A	7	1	3	5	2	6	4	9	8
B	5	4	2	9	8	1	6	7	3
C	9	6	8	3	7	4	5	1	2
D	1	5	7	8	4	3	9	2	6
E	8	9	6	2	1	5	3	4	7
F	2	3	4	7	6	9	1	8	5
G	3	8	1	6	9	7	2	5	4
H	6	7	9	4	5	2	8	3	1
I	4	2	5	1	3	8	7	6	9

（14）

	1	2	3	4	5	6	7	8	9
A	5	4	8	7	3	2	9	6	1
B	2	9	6	4	1	5	3	7	8
C	1	3	7	9	6	8	4	5	2
D	9	6	3	5	8	1	2	4	7
E	8	2	5	6	4	7	1	9	3
F	4	7	1	2	9	3	5	8	6
G	6	1	2	8	5	4	7	3	9
H	3	5	9	1	7	6	8	2	4
I	7	8	4	3	2	9	6	1	5

(15)

	1	2	3	4	5	6	7	8	9
A	2	7	4	5	8	3	9	6	1
B	8	5	9	1	2	6	7	3	4
C	1	6	3	4	9	7	8	5	2
D	3	1	6	8	7	4	5	2	9
E	5	9	8	6	3	2	1	4	7
F	7	4	2	9	5	1	3	8	6
G	9	3	7	2	6	8	4	1	5
H	6	8	1	7	4	5	2	9	3
I	4	2	5	3	1	9	6	7	8

(16)

	1	2	3	4	5	6	7	8	9
A	1	9	4	2	8	3	6	7	5
B	3	8	6	1	5	7	2	9	4
C	7	5	2	4	6	9	1	8	3
D	8	2	7	5	1	4	9	3	6
E	5	1	3	6	9	8	7	4	2
F	6	4	9	3	7	2	8	5	1
G	4	7	5	8	2	1	3	6	9
H	2	3	8	9	4	6	5	1	7
I	9	6	1	7	3	5	4	2	8

(17)

	1	2	3	4	5	6	7	8	9
A	5	6	4	8	2	1	7	3	9
B	1	9	8	3	7	5	2	6	4
C	7	3	2	9	6	4	5	8	1
D	4	8	9	6	5	3	1	7	2
E	3	1	5	7	8	2	9	4	6
F	6	2	7	1	4	9	3	5	8
G	8	5	6	2	1	7	4	9	3
H	9	4	1	5	3	6	8	2	7
I	2	7	3	4	9	8	6	1	5

(18)

	1	2	3	4	5	6	7	8	9
A	3	2	8	9	4	6	1	7	5
B	1	9	7	5	3	8	2	6	4
C	6	4	5	2	1	7	9	3	8
D	9	8	4	7	2	1	6	5	3
E	2	6	3	4	9	5	7	8	1
F	7	5	1	6	8	3	4	9	2
G	8	3	9	1	7	2	5	4	6
H	5	7	2	8	6	4	3	1	9
I	4	1	6	3	5	9	8	2	7

(19)

	1	2	3	4	5	6	7	8	9
A	7	3	9	6	4	8	2	5	1
B	6	2	8	9	5	1	7	4	3
C	4	1	5	7	3	2	6	9	8
D	9	8	4	5	2	6	3	1	7
E	1	5	7	8	9	3	4	6	2
F	2	6	3	4	1	7	5	8	9
G	3	9	2	1	6	5	8	7	4
H	8	4	6	3	7	9	1	2	5
I	5	7	1	2	8	4	9	3	6

(20)

	1	2	3	4	5	6	7	8	9
A	8	2	9	5	3	1	4	7	6
B	7	5	1	6	9	4	8	3	2
C	3	6	4	2	8	7	5	1	9
D	2	8	7	9	4	5	1	6	3
E	4	1	5	3	7	6	9	2	8
F	6	9	3	8	1	2	7	4	5
G	1	3	8	4	6	9	2	5	7
H	5	4	6	7	2	8	3	9	1
I	9	7	2	1	5	3	6	8	4

(21)

	1	2	3	4	5	6	7	8	9
A	9	7	5	8	2	1	4	6	3
B	1	3	6	9	4	5	8	2	7
C	8	2	4	6	7	3	9	1	5
D	6	8	2	4	1	7	5	3	9
E	4	9	3	2	5	8	1	7	6
F	7	5	1	3	9	6	2	4	8
G	2	6	9	7	8	4	3	5	1
H	5	4	7	1	3	9	6	8	2
I	3	1	8	5	6	2	7	9	4

(22)

	1	2	3	4	5	6	7	8	9
A	5	7	8	4	3	1	6	9	2
B	4	6	9	5	7	2	1	8	3
C	1	2	3	6	9	8	4	7	5
D	3	9	7	2	5	4	8	1	6
E	8	5	1	7	6	9	3	2	4
F	6	4	2	8	1	3	7	5	9
G	7	1	4	3	2	5	9	6	8
H	9	8	5	1	4	6	2	3	7
I	2	3	6	9	8	7	5	4	1

(23)

	1	2	3	4	5	6	7	8	9
A	4	7	6	9	5	1	3	2	8
B	1	2	3	6	8	7	4	5	9
C	5	8	9	4	3	2	1	6	7
D	8	5	2	1	9	6	7	3	4
E	6	1	7	3	4	8	5	9	2
F	9	3	4	7	2	5	6	8	1
G	3	4	8	5	1	9	2	7	6
H	2	6	1	8	7	3	9	4	5
I	7	9	5	2	6	4	8	1	3

(24)

	1	2	3	4	5	6	7	8	9
A	6	3	9	2	8	4	1	5	7
B	4	1	7	6	5	3	9	2	8
C	2	8	5	7	1	9	6	3	4
D	3	6	1	4	7	2	8	9	5
E	5	7	4	9	6	8	2	1	3
F	8	9	2	5	3	1	7	4	6
G	9	5	3	8	2	6	4	7	1
H	7	2	6	1	4	5	3	8	9
I	1	4	8	3	9	7	5	6	2

(25)

	1	2	3	4	5	6	7	8	9
A	8	5	1	9	7	3	6	2	4
B	7	2	6	4	8	5	3	9	1
C	4	3	9	1	2	6	7	5	8
D	9	4	3	2	5	8	1	7	6
E	2	6	8	7	3	1	9	4	5
F	1	7	5	6	9	4	2	8	3
G	3	9	4	8	1	7	5	6	2
H	6	1	7	5	4	2	8	3	9
I	5	8	2	3	6	9	4	1	7

(26)

	1	2	3	4	5	6	7	8	9
A	3	2	8	7	1	9	4	5	6
B	7	1	4	5	8	6	9	2	3
C	9	5	6	3	2	4	1	8	7
D	6	4	1	9	3	5	2	7	8
E	5	8	9	4	7	2	6	3	1
F	2	3	7	1	6	8	5	4	9
G	8	9	3	2	5	1	7	6	4
H	4	6	5	8	9	7	3	1	2
I	1	7	2	6	4	3	8	9	5

（27）

	1	2	3	4	5	6	7	8	9
A	4	9	2	3	6	5	1	8	7
B	8	7	3	2	1	4	6	5	9
C	5	6	1	9	7	8	4	3	2
D	9	2	7	1	4	3	5	6	8
E	6	3	8	7	5	2	9	1	4
F	1	5	4	6	8	9	7	2	3
G	2	8	5	4	9	1	3	7	6
H	3	4	6	5	2	7	8	9	1
I	7	1	9	8	3	6	2	4	5

（28）

	1	2	3	4	5	6	7	8	9
A	5	8	9	3	6	7	4	1	2
B	1	4	7	9	5	2	8	6	3
C	3	2	6	8	1	4	7	5	9
D	9	6	2	1	8	3	5	4	7
E	7	3	8	4	2	5	6	9	1
F	4	1	5	7	9	6	2	3	8
G	8	7	1	6	4	9	3	2	5
H	2	9	4	5	3	8	1	7	6
I	6	5	3	2	7	1	9	8	4

（29）

	1	2	3	4	5	6	7	8	9
A	9	2	1	4	5	6	3	7	8
B	7	3	4	8	1	9	5	2	6
C	6	5	8	7	2	3	4	9	1
D	2	1	9	5	3	8	7	6	4
E	3	6	7	1	9	4	2	8	5
F	4	8	5	2	6	7	1	3	9
G	8	7	2	6	4	5	9	1	3
H	5	9	6	3	7	1	8	4	2
I	1	4	3	9	8	2	6	5	7

（30）

	1	2	3	4	5	6	7	8	9
A	4	2	7	1	3	6	5	9	8
B	6	5	1	9	8	4	2	7	3
C	9	8	3	2	7	5	1	6	4
D	2	3	5	8	1	9	6	4	7
E	8	7	4	5	6	2	9	3	1
F	1	9	6	3	4	7	8	2	5
G	5	4	9	7	2	8	3	1	6
H	7	1	2	6	5	3	4	8	9
I	3	6	8	4	9	1	7	5	2

(31)

	1	2	3	4	5	6	7	8	9
A	9	3	6	5	1	4	8	2	7
B	7	8	4	3	2	9	6	5	1
C	5	1	2	8	7	6	4	3	9
D	1	7	3	4	9	8	5	6	2
E	6	9	8	7	5	2	1	4	3
F	4	2	5	6	3	1	7	9	8
G	8	5	7	2	4	3	9	1	6
H	2	4	9	1	6	7	3	8	5
I	3	6	1	9	8	5	2	7	4

(32)

	1	2	3	4	5	6	7	8	9
A	2	5	7	9	3	1	6	8	4
B	6	8	3	2	4	5	1	9	7
C	9	4	1	7	6	8	3	5	2
D	8	2	6	5	9	3	4	7	1
E	4	7	9	1	2	6	5	3	8
F	1	3	5	8	7	4	9	2	6
G	5	6	4	3	8	2	7	1	9
H	7	1	8	6	5	9	2	4	3
I	3	9	2	4	1	7	8	6	5

(33)

	1	2	3	4	5	6	7	8	9
A	9	3	4	5	2	1	8	6	7
B	6	8	1	7	4	9	3	5	2
C	5	7	2	3	8	6	4	1	9
D	2	1	5	4	6	7	9	8	3
E	8	4	6	2	9	3	5	7	1
F	3	9	7	1	5	8	2	4	6
G	7	6	9	8	3	4	1	2	5
H	4	5	3	6	1	2	7	9	8
I	1	2	8	9	7	5	6	3	4

(34)

	1	2	3	4	5	6	7	8	9
A	7	4	1	6	5	9	2	3	8
B	5	3	2	1	8	4	9	7	6
C	6	9	8	2	3	7	1	5	4
D	9	2	5	4	1	3	6	8	7
E	4	1	6	9	7	8	5	2	3
F	3	8	7	5	2	3	4	9	1
G	2	7	9	8	4	1	3	6	5
H	1	5	3	7	6	2	8	4	9
I	8	6	4	3	9	5	7	1	2

(35)

	1	2	3	4	5	6	7	8	9
A	7	3	5	1	8	4	6	9	2
B	1	4	2	5	9	6	8	7	3
C	8	9	6	3	2	7	4	1	5
D	3	6	4	9	7	5	1	2	8
E	2	5	8	6	1	3	7	4	9
F	9	7	1	8	4	2	3	5	6
G	6	1	9	7	5	8	2	3	4
H	4	8	7	2	3	9	5	6	1
I	5	2	3	4	6	1	9	8	7

(36)

	1	2	3	4	5	6	7	8	9
A	4	6	1	5	8	3	9	7	2
B	9	2	8	4	6	7	3	1	5
C	7	3	5	2	1	9	4	8	6
D	3	8	6	7	9	4	2	5	1
E	2	1	4	8	3	5	7	6	9
F	5	9	7	1	2	6	8	4	3
G	6	7	2	3	4	1	5	9	8
H	1	4	3	9	5	8	6	2	7
I	8	5	9	6	7	2	1	3	4

(37)

	1	2	3	4	5	6	7	8	9
A	4	8	6	2	3	5	9	1	7
B	7	5	2	8	9	1	6	3	4
C	3	1	9	4	6	7	2	5	8
D	6	4	1	3	2	8	7	9	5
E	5	2	3	7	1	9	8	4	6
F	9	7	8	6	5	4	1	2	3
G	2	9	7	5	4	6	3	8	1
H	8	3	4	1	7	2	5	6	9
I	1	6	5	9	8	3	4	7	2

(38)

	1	2	3	4	5	6	7	8	9
A	4	2	7	6	3	9	1	8	5
B	6	1	3	8	2	5	9	7	4
C	9	8	5	4	7	1	3	2	6
D	8	5	9	1	6	2	4	3	7
E	2	6	4	7	9	3	8	5	1
F	7	3	1	5	8	4	6	9	2
G	1	9	6	3	5	7	2	4	8
H	3	7	8	2	4	6	5	1	9
I	5	4	2	9	1	8	7	6	3

（39）

	1	2	3	4	5	6	7	8	9
A	2	5	4	8	3	1	7	9	6
B	1	8	7	4	6	9	2	5	3
C	3	9	6	5	7	2	1	4	8
D	6	1	2	9	5	4	8	3	7
E	5	3	8	1	2	7	9	6	4
F	7	4	9	3	8	6	5	1	2
G	8	6	3	2	1	5	4	7	9
H	4	7	5	6	9	8	3	2	1
I	9	2	1	7	4	3	6	8	5

（40）

	1	2	3	4	5	6	7	8	9
A	4	3	8	7	2	1	5	9	6
B	6	1	5	4	3	9	2	7	8
C	7	9	2	6	5	8	4	1	3
D	3	2	6	9	1	5	8	4	7
E	8	4	1	3	6	7	9	5	2
F	5	7	9	8	4	2	6	3	1
G	9	8	4	2	7	3	1	6	5
H	2	5	3	1	9	6	7	8	4
I	1	6	7	5	8	4	3	2	9

（41）

	1	2	3	4	5	6	7	8	9
A	1	4	9	3	8	6	2	5	7
B	7	6	8	2	5	1	3	9	4
C	2	3	5	9	4	7	6	8	1
D	3	2	6	5	7	8	4	1	9
E	8	7	1	6	9	4	5	3	2
F	5	9	4	1	3	2	8	7	6
G	6	1	7	8	2	5	9	4	3
H	4	5	3	7	6	9	1	2	8
I	9	8	2	4	1	3	7	6	5

（42）

	1	2	3	4	5	6	7	8	9
A	5	9	1	3	4	8	6	2	7
B	3	4	6	9	7	2	5	8	1
C	8	2	7	6	5	1	9	3	4
D	6	5	3	8	9	7	1	4	2
E	1	8	4	2	6	5	3	7	9
F	2	7	9	1	3	4	8	6	5
G	9	3	2	4	1	6	7	5	8
H	7	1	8	5	2	3	4	9	6
I	4	6	5	7	8	9	2	1	3

(43)

	1	2	3	4	5	6	7	8	9
A	8	4	2	1	3	9	5	7	6
B	5	7	9	6	4	2	3	1	8
C	1	3	6	5	8	7	9	4	2
D	9	2	7	4	6	5	8	3	1
E	3	5	8	2	7	1	4	6	9
F	6	1	4	8	9	3	7	2	5
G	7	6	3	9	2	8	1	5	4
H	2	8	5	3	1	4	6	9	7
I	4	9	1	7	5	6	2	8	3

(44)

	1	2	3	4	5	6	7	8	9
A	3	9	8	7	4	1	2	5	6
B	5	1	4	2	6	8	3	9	7
C	2	7	6	3	9	5	1	8	4
D	7	5	9	6	2	3	8	4	1
E	8	6	3	1	7	4	9	2	5
F	1	4	2	5	8	9	7	6	3
G	9	2	5	4	1	7	6	3	8
H	4	8	1	9	3	6	5	7	2
I	6	3	7	8	5	2	4	1	9

(45)

	1	2	3	4	5	6	7	8	9
A	7	6	5	8	1	4	2	3	9
B	2	8	4	3	9	7	5	1	6
C	3	9	1	5	6	2	8	7	4
D	8	3	2	1	5	6	9	4	7
E	4	5	6	7	8	9	1	2	3
F	9	1	7	4	2	3	6	8	5
G	6	7	8	2	4	5	3	9	1
H	5	2	3	9	7	1	4	6	8
I	1	4	9	6	3	8	7	5	2

(46)

	1	2	3	4	5	6	7	8	9
A	5	8	6	9	7	4	1	2	3
B	1	2	9	3	5	6	7	8	4
C	4	3	7	2	1	8	6	5	9
D	6	7	8	5	4	1	3	9	2
E	9	5	3	8	6	2	4	7	1
F	2	1	4	7	3	9	8	6	5
G	3	9	1	6	8	5	2	4	7
H	7	6	2	4	9	3	5	1	8
I	8	4	5	1	2	7	9	3	6

(47)

	1	2	3	4	5	6	7	8	9
A	8	5	4	7	3	9	2	6	1
B	2	9	7	1	5	6	3	4	8
C	3	6	1	8	4	2	5	7	9
D	9	8	2	5	7	1	4	3	6
E	4	7	3	9	6	8	1	2	5
F	6	1	5	3	2	4	9	8	7
G	1	4	9	6	8	3	7	5	2
H	7	2	6	4	1	5	8	9	3
I	5	3	8	2	9	7	6	1	4

(48)

	1	2	3	4	5	6	7	8	9
A	5	8	3	6	4	9	7	2	1
B	4	9	2	1	7	3	5	6	8
C	6	1	7	5	8	2	3	4	9
D	3	7	5	9	6	1	4	8	2
E	2	4	1	7	3	8	9	5	6
F	8	6	9	4	2	5	1	7	3
G	7	2	8	3	9	4	6	1	5
H	9	5	4	2	1	6	8	3	7
I	1	3	6	8	5	7	2	9	4

(49)

	1	2	3	4	5	6	7	8	9
A	8	2	5	3	1	7	9	4	6
B	3	7	1	9	6	4	8	2	5
C	6	4	9	5	8	2	3	1	7
D	2	9	8	4	3	6	7	5	1
E	5	1	6	2	7	9	4	8	3
F	7	3	4	1	5	8	2	6	9
G	4	6	2	7	9	1	5	3	8
H	9	8	3	6	2	5	1	7	4
I	1	5	7	8	4	3	6	9	2

(50)

	1	2	3	4	5	6	7	8	9
A	5	7	8	6	2	4	3	1	9
B	2	4	3	9	1	7	5	8	6
C	9	6	1	5	8	3	7	2	4
D	7	1	2	8	9	6	4	5	3
E	6	8	9	3	4	5	1	7	2
F	4	3	5	2	7	1	6	9	8
G	3	9	4	7	5	8	2	6	1
H	8	5	6	1	3	2	9	4	7
I	1	2	7	4	6	9	8	3	5

3-3 高级数独迷题。

（1）

	1	2	3	4	5	6	7	8	9
A	2	1	4	9	7	8	6	3	5
B	6	7	5	1	3	2	9	4	8
C	8	3	9	5	6	4	1	7	2
D	3	5	7	8	9	1	2	6	4
E	4	9	6	3	2	7	5	8	1
F	1	2	8	4	5	6	7	9	3
G	5	8	3	6	1	9	4	2	7
H	9	4	2	7	8	5	3	1	6
I	7	6	1	2	4	3	8	5	9

（2）

	1	2	3	4	5	6	7	8	9
A	4	7	3	1	6	5	2	8	9
B	9	1	5	3	8	2	4	7	6
C	2	8	6	9	4	7	3	1	5
D	7	4	9	2	5	1	8	6	3
E	8	6	2	4	3	9	7	5	1
F	3	5	1	8	7	6	9	4	2
G	1	3	7	6	9	4	5	2	8
H	5	2	8	7	1	3	6	9	4
I	6	9	4	5	2	8	1	3	7

（3）

	1	2	3	4	5	6	7	8	9
A	4	6	5	3	1	7	2	9	8
B	9	3	8	2	5	4	7	6	1
C	7	1	2	9	6	8	5	3	4
D	2	4	3	6	8	1	9	7	5
E	6	5	1	7	4	9	8	2	3
F	8	7	9	5	3	2	1	4	6
G	5	9	4	8	2	6	3	1	7
H	3	2	6	1	7	5	4	8	9
I	1	8	7	4	9	3	6	5	2

（4）

	1	2	3	4	5	6	7	8	9
A	4	5	9	3	8	7	1	2	6
B	2	8	7	1	6	5	9	4	3
C	6	1	3	9	2	4	7	5	8
D	8	7	5	2	1	3	4	6	9
E	9	3	4	5	7	6	8	1	2
F	1	2	6	8	4	9	3	7	5
G	3	4	2	7	5	8	6	9	1
H	7	9	1	6	3	2	5	8	4
I	5	6	8	4	9	1	2	3	7

（5）

	1	2	3	4	5	6	7	8	9
A	6	4	5	7	2	1	3	9	8
B	8	1	9	5	4	3	7	6	2
C	7	2	3	6	8	9	5	4	1
D	4	8	6	1	9	5	2	7	3
E	3	5	7	8	6	2	9	1	4
F	1	9	2	4	3	7	8	5	6
G	5	7	8	2	1	4	6	3	9
H	2	3	1	9	7	6	4	8	5
I	9	6	4	3	5	8	1	2	7

（6）

	1	2	3	4	5	6	7	8	9
A	2	6	9	4	7	5	1	8	3
B	5	3	4	8	1	2	6	9	7
C	8	1	7	6	3	9	5	4	2
D	6	4	5	2	8	1	3	7	9
E	3	9	8	7	5	6	4	2	1
F	7	2	1	9	4	3	8	6	5
G	1	7	2	5	6	4	9	3	8
H	9	5	6	3	2	8	7	1	4
I	4	8	3	1	9	7	2	5	6

（7）

	1	2	3	4	5	6	7	8	9
A	3	7	1	9	4	5	6	2	8
B	5	8	6	2	1	7	3	9	4
C	9	2	4	6	8	3	5	7	1
D	8	5	2	4	3	1	9	6	7
E	6	4	7	8	2	9	1	3	5
F	1	9	3	7	5	6	4	8	2
G	4	3	9	1	7	8	2	5	6
H	7	1	5	3	6	2	8	4	9
I	2	6	8	5	9	4	7	1	3

（8）

	1	2	3	4	5	6	7	8	9
A	2	4	7	8	9	1	6	5	3
B	1	9	3	6	5	4	2	7	8
C	6	8	5	7	2	3	1	9	4
D	8	1	9	2	6	5	3	4	7
E	5	3	6	4	7	8	9	1	2
F	4	7	2	1	3	9	5	8	6
G	7	5	1	3	4	6	8	2	9
H	9	6	4	5	8	2	7	3	1
I	3	2	8	9	1	7	4	6	5

| 附录 | 本书练习题答案 |

（9）

	1	2	3	4	5	6	7	8	9
A	8	4	5	3	9	1	7	2	6
B	2	1	9	6	7	8	3	5	4
C	7	3	6	2	5	4	8	9	1
D	4	7	2	5	6	3	1	8	9
E	9	6	8	1	2	7	5	4	3
F	3	5	1	8	4	9	6	7	2
G	1	8	7	9	3	2	4	6	5
H	5	9	3	4	8	6	2	1	7
I	6	2	4	7	1	5	9	3	8

（10）

	1	2	3	4	5	6	7	8	9
A	4	1	7	8	3	5	9	2	6
B	6	9	3	7	1	2	5	8	4
C	8	5	2	4	6	9	7	1	3
D	9	6	1	5	2	7	4	3	8
E	3	8	5	1	9	4	2	6	7
F	2	7	4	3	8	6	1	9	5
G	7	3	9	6	5	1	8	4	2
H	1	4	8	2	7	3	6	5	9
I	5	2	6	9	4	8	3	7	1

（11）

	1	2	3	4	5	6	7	8	9
A	5	1	4	3	9	2	7	8	6
B	9	3	8	6	1	7	5	4	2
C	2	7	6	5	8	4	1	3	9
D	6	9	3	2	5	1	4	7	8
E	8	5	2	4	7	6	3	9	1
F	7	4	1	8	3	9	6	2	5
G	1	2	5	7	4	8	9	6	3
H	3	8	7	9	6	5	2	1	4
I	4	6	9	1	2	3	8	5	7

（12）

	1	2	3	4	5	6	7	8	9
A	3	1	5	4	8	6	2	9	7
B	6	4	2	7	1	9	8	3	5
C	9	8	7	3	2	5	6	4	1
D	4	7	9	8	5	2	3	1	6
E	8	3	6	1	9	7	5	2	4
F	2	5	1	6	3	4	7	8	9
G	7	6	8	9	4	3	1	5	2
H	1	2	4	5	6	8	9	7	3
I	5	9	3	2	7	1	4	6	8

（13）

	1	2	3	4	5	6	7	8	9
A	6	2	9	5	4	7	8	1	3
B	3	8	7	6	9	1	2	5	4
C	5	1	4	8	3	2	6	7	9
D	8	7	6	2	5	3	9	4	1
E	2	4	1	7	6	9	3	8	5
F	9	5	3	4	1	8	7	2	6
G	1	9	2	3	8	5	4	6	7
H	4	3	8	1	7	6	5	9	2
I	7	6	5	9	2	4	1	3	8

（14）

	1	2	3	4	5	6	7	8	9
A	1	3	6	2	5	7	9	8	4
B	4	7	2	1	8	9	6	3	5
C	9	5	8	6	4	3	7	2	1
D	3	6	9	8	1	5	2	4	7
E	7	8	4	9	3	2	5	1	6
F	2	1	5	7	6	4	8	9	3
G	6	9	3	4	7	8	1	5	2
H	8	4	1	5	2	6	3	7	9
I	5	2	7	3	9	1	4	6	8

（15）

	1	2	3	4	5	6	7	8	9
A	9	4	7	5	8	2	6	1	3
B	6	2	1	3	7	9	4	8	5
C	5	3	8	6	4	1	9	7	2
D	7	1	2	8	3	6	5	4	9
E	8	9	5	7	2	4	1	3	6
F	3	6	4	1	9	5	8	2	7
G	4	5	9	2	1	3	7	6	8
H	2	8	6	4	5	7	3	9	1
I	1	7	3	9	6	8	2	5	4

（16）

	1	2	3	4	5	6	7	8	9
A	7	9	1	5	8	2	4	6	3
B	8	2	6	3	9	4	7	5	1
C	5	4	3	1	7	6	2	9	8
D	9	5	7	6	4	8	1	3	2
E	1	6	8	2	3	5	9	4	7
F	2	3	4	9	1	7	5	8	6
G	4	1	9	7	6	3	8	2	5
H	6	8	5	4	2	1	3	7	9
I	3	7	2	8	5	9	6	1	4

（17）

	1	2	3	4	5	6	7	8	9
A	3	4	9	7	6	5	1	2	8
B	7	8	1	3	9	2	6	4	5
C	2	6	5	1	8	4	9	7	3
D	1	2	4	8	3	6	5	9	7
E	5	3	6	9	2	7	8	1	4
F	9	7	8	4	5	1	3	6	2
G	6	9	3	2	4	8	7	5	1
H	8	1	2	5	7	9	4	3	6
I	4	5	7	6	1	3	2	8	9

（18）

	1	2	3	4	5	6	7	8	9
A	5	9	1	4	3	8	6	2	7
B	3	4	2	1	7	6	5	8	9
C	6	8	7	9	2	5	4	1	3
D	4	3	6	8	1	7	9	5	2
E	9	1	8	5	4	2	7	3	6
F	7	2	5	6	9	3	1	4	8
G	2	7	4	3	5	9	8	6	1
H	1	6	3	7	8	4	2	9	5
I	8	5	9	2	6	1	3	7	4

（19）

	1	2	3	4	5	6	7	8	9
A	5	9	6	3	4	7	2	8	1
B	7	3	8	1	2	9	6	5	4
C	1	2	4	8	5	6	7	9	3
D	2	4	9	5	3	8	1	7	6
E	8	5	3	7	6	1	9	4	2
F	6	7	1	2	9	4	5	3	8
G	3	8	7	6	1	5	4	2	9
H	9	6	5	4	8	2	3	1	7
I	4	1	2	9	7	3	8	6	5

（20）

	1	2	3	4	5	6	7	8	9
A	8	9	2	6	1	7	3	5	4
B	7	4	1	3	5	8	9	2	6
C	5	3	6	9	4	2	7	8	1
D	9	2	3	4	8	1	6	7	5
E	6	1	7	2	3	5	4	9	8
F	4	8	5	7	9	6	1	3	2
G	1	6	8	5	7	3	2	4	9
H	3	5	4	1	2	9	8	6	7
I	2	7	9	8	6	4	5	1	3

(21)

	1	2	3	4	5	6	7	8	9
A	8	7	2	3	5	9	1	6	4
B	4	1	5	8	7	6	2	9	3
C	3	6	9	4	2	1	5	7	8
D	2	9	1	5	3	7	8	4	6
E	6	5	8	9	1	4	7	3	2
F	7	3	4	6	8	2	9	1	5
G	5	4	7	2	9	3	6	8	1
H	1	2	6	7	4	8	3	5	9
I	9	8	3	1	6	5	4	2	7

(22)

	1	2	3	4	5	6	7	8	9
A	4	2	1	9	7	8	3	6	5
B	6	5	8	2	1	3	4	7	9
C	3	7	9	4	6	5	8	2	1
D	7	4	2	5	8	6	9	1	3
E	1	9	3	7	4	2	6	5	8
F	5	8	6	1	3	9	2	4	7
G	8	3	5	6	2	7	1	9	4
H	2	1	7	3	9	4	5	8	6
I	9	6	4	8	5	1	7	3	2

(23)

	1	2	3	4	5	6	7	8	9
A	4	9	8	6	5	2	1	3	7
B	7	6	5	3	1	8	9	2	4
C	3	1	2	7	4	9	6	8	5
D	9	5	1	4	7	3	2	6	8
E	6	7	3	8	2	1	5	4	9
F	2	8	4	5	9	6	7	1	3
G	1	4	6	9	8	5	3	7	2
H	8	2	9	1	3	7	4	5	6
I	5	3	7	2	6	4	8	9	1

(24)

	1	2	3	4	5	6	7	8	9
A	2	9	8	5	6	7	4	3	1
B	3	5	7	4	1	9	2	8	6
C	1	6	4	8	2	3	7	5	9
D	5	8	3	2	9	6	1	7	4
E	7	2	6	1	4	8	3	9	5
F	9	4	1	3	7	5	6	2	8
G	6	1	9	7	8	2	5	4	3
H	4	7	5	9	3	1	8	6	2
I	8	3	2	6	5	4	9	1	7

（25）

	1	2	3	4	5	6	7	8	9
A	1	6	4	3	8	9	2	7	5
B	2	8	3	5	7	6	4	1	9
C	5	7	9	1	4	2	6	3	8
D	7	2	8	4	5	1	9	6	3
E	3	4	6	9	2	7	5	8	1
F	9	1	5	6	3	8	7	2	4
G	8	9	7	2	1	4	3	5	6
H	4	5	2	8	6	3	1	9	7
I	6	3	1	7	9	5	8	4	2

（26）

	1	2	3	4	5	6	7	8	9
A	7	6	3	9	8	4	2	5	1
B	5	8	9	1	2	7	3	6	4
C	1	4	2	3	5	6	8	9	7
D	9	5	1	6	3	2	4	7	8
E	8	7	6	4	1	9	5	2	3
F	3	2	4	8	7	5	9	1	6
G	4	1	5	2	6	3	7	8	9
H	2	9	8	7	4	1	6	3	5
I	6	3	7	5	9	8	1	4	2

（27）

	1	2	3	4	5	6	7	8	9
A	1	9	7	6	2	5	8	3	4
B	4	8	3	1	7	9	6	2	5
C	2	6	5	3	4	8	1	9	7
D	8	7	4	9	1	6	3	5	2
E	3	1	2	5	8	7	9	4	6
F	9	5	6	2	3	4	7	1	8
G	6	4	1	7	9	2	5	8	3
H	5	2	9	8	6	3	4	7	1
I	7	3	8	4	5	1	2	6	9

（28）

	1	2	3	4	5	6	7	8	9
A	2	7	8	1	3	6	9	4	5
B	4	3	5	2	9	7	1	6	8
C	1	9	6	4	8	5	3	2	7
D	5	1	3	6	2	9	7	8	4
E	7	6	9	8	4	3	2	5	1
F	8	4	2	5	7	1	6	9	3
G	6	8	7	3	5	2	4	1	9
H	3	5	1	9	6	4	8	7	2
I	9	2	4	7	1	8	5	3	6

(29)

	1	2	3	4	5	6	7	8	9
A	9	8	4	3	2	7	5	1	6
B	6	2	3	5	4	1	7	9	8
C	1	5	7	6	9	8	2	4	3
D	3	6	9	7	1	2	8	5	4
E	8	7	5	4	3	9	1	6	2
F	4	1	2	8	6	5	9	3	7
G	7	3	8	1	5	6	4	2	9
H	2	4	1	9	7	3	6	8	5
I	5	9	6	2	8	4	3	7	1

(30)

	1	2	3	4	5	6	7	8	9
A	2	7	3	6	4	8	9	1	5
B	6	5	4	3	1	9	2	8	7
C	9	1	8	7	2	5	6	3	4
D	1	8	2	5	9	4	7	6	3
E	5	9	6	2	7	3	8	4	1
F	4	3	7	8	6	1	5	9	2
G	8	2	1	4	5	6	3	7	9
H	3	4	5	9	8	7	1	2	6
I	7	6	9	1	3	2	4	5	8

(31)

	1	2	3	4	5	6	7	8	9
A	3	2	4	1	8	7	9	6	5
B	7	5	6	2	9	3	1	4	8
C	1	8	9	5	6	4	3	2	7
D	5	9	2	3	7	6	4	8	1
E	8	6	7	9	4	1	5	3	2
F	4	1	3	8	5	2	7	9	6
G	9	7	8	6	3	5	2	1	4
H	2	3	5	4	1	8	6	7	9
I	6	4	1	7	2	9	8	5	3

(32)

	1	2	3	4	5	6	7	8	9
A	8	4	5	3	2	6	9	7	1
B	1	7	2	8	4	9	3	5	6
C	9	3	6	7	1	5	4	8	2
D	3	8	4	6	5	7	1	2	9
E	5	9	1	4	8	2	7	6	3
F	2	6	7	1	9	3	5	4	8
G	7	2	3	9	6	4	8	1	5
H	6	1	9	5	7	8	2	3	4
I	4	5	8	2	3	1	6	9	7

(33)

	1	2	3	4	5	6	7	8	9
A	7	1	2	6	8	3	4	9	5
B	5	3	4	1	2	9	7	6	8
C	8	6	9	4	7	5	2	1	3
D	3	8	7	9	5	2	6	4	1
E	4	5	1	8	6	7	9	3	2
F	9	2	6	3	1	4	5	8	7
G	1	4	5	2	3	6	8	7	9
H	2	9	3	7	4	8	1	5	6
I	6	7	8	5	9	1	3	2	4

(34)

	1	2	3	4	5	6	7	8	9
A	7	9	2	1	3	6	4	5	8
B	8	3	5	2	4	9	6	7	1
C	1	4	6	5	8	7	3	2	9
D	4	5	1	3	7	2	9	8	6
E	6	8	3	9	1	5	2	4	7
F	9	2	7	8	6	4	1	3	5
G	5	1	8	6	2	3	7	9	4
H	2	6	4	7	9	8	5	1	3
I	3	7	9	4	5	1	8	6	2

(35)

	1	2	3	4	5	6	7	8	9
A	2	3	5	6	8	9	7	1	4
B	8	4	6	5	1	7	2	9	3
C	7	9	1	4	3	2	5	8	6
D	9	5	7	3	2	1	6	4	8
E	6	8	3	9	7	4	1	5	2
F	4	1	2	8	6	5	9	3	7
G	1	7	8	2	5	3	4	6	9
H	3	2	9	1	4	6	8	7	5
I	5	6	4	7	9	8	3	2	1

(36)

	1	2	3	4	5	6	7	8	9
A	3	9	7	8	2	6	4	5	1
B	2	4	1	5	3	9	7	8	6
C	5	6	8	1	4	7	3	9	2
D	7	2	3	6	8	4	9	1	5
E	6	1	4	9	5	2	8	7	3
F	9	8	5	7	1	3	6	2	4
G	1	7	6	3	9	5	2	4	8
H	8	3	2	4	7	1	5	6	9
I	4	5	9	2	6	8	1	3	7

（37）

	1	2	3	4	5	6	7	8	9
A	1	8	9	5	7	2	6	4	3
B	6	5	4	1	3	9	7	8	2
C	2	7	3	6	4	8	5	1	9
D	7	9	5	2	6	1	4	3	8
E	4	6	2	8	5	3	1	9	7
F	3	1	8	4	9	7	2	6	5
G	8	3	1	7	2	6	9	5	4
H	9	4	7	3	1	5	8	2	6
I	5	2	6	9	8	4	3	7	1

（38）

	1	2	3	4	5	6	7	8	9
A	1	9	5	4	8	3	2	6	7
B	8	2	7	6	5	9	1	3	4
C	3	4	6	1	2	7	8	9	5
D	5	8	2	9	4	6	3	7	1
E	4	6	3	7	1	2	5	8	9
F	7	1	9	5	3	8	6	4	2
G	2	7	8	3	9	1	4	5	6
H	6	3	4	2	7	5	9	1	8
I	9	5	1	8	6	4	7	2	3

（39）

	1	2	3	4	5	6	7	8	9
A	4	5	8	3	7	1	2	6	9
B	6	1	2	5	9	4	8	7	3
C	9	3	7	6	8	2	5	1	4
D	1	6	4	2	3	5	7	9	8
E	2	7	3	8	4	9	1	5	6
F	8	9	5	7	1	6	3	4	2
G	7	4	9	1	2	8	6	3	5
H	3	8	6	9	5	7	4	2	1
I	5	2	1	4	6	3	9	8	7

（40）

	1	2	3	4	5	6	7	8	9
A	8	4	6	9	5	1	7	3	2
B	3	7	1	4	8	2	5	9	6
C	2	5	9	6	3	7	1	4	8
D	4	6	3	1	7	9	2	8	5
E	9	1	8	2	6	5	4	7	3
F	7	2	5	8	4	3	9	6	1
G	1	3	4	7	2	6	8	5	9
H	6	8	2	5	9	4	3	1	7
I	5	9	7	3	1	8	6	2	4

（41）

	1	2	3	4	5	6	7	8	9
A	6	8	4	9	7	2	5	1	3
B	7	3	1	4	5	6	9	2	8
C	9	2	5	3	1	8	6	4	7
D	1	6	9	7	8	5	4	3	2
E	4	5	8	6	2	3	1	7	9
F	3	7	2	1	4	9	8	6	5
G	2	9	6	8	3	4	7	5	1
H	8	1	3	5	6	7	2	9	4
I	5	4	7	2	9	1	3	8	6

（42）

	1	2	3	4	5	6	7	8	9
A	3	1	9	7	5	4	2	6	8
B	6	8	2	9	3	1	5	7	4
C	4	7	5	2	8	6	9	3	1
D	7	5	1	3	2	9	8	4	6
E	8	3	4	6	7	5	1	2	9
F	2	9	6	1	4	8	7	5	3
G	1	4	7	5	9	3	6	8	2
H	9	2	8	4	6	7	3	1	5
I	5	6	3	8	1	2	4	9	7

（43）

	1	2	3	4	5	6	7	8	9
A	1	5	4	9	3	7	8	6	2
B	2	9	3	5	6	8	7	1	4
C	6	8	7	1	4	2	3	5	9
D	9	1	2	3	5	6	4	7	8
E	4	6	8	7	1	9	5	2	3
F	3	7	5	2	8	4	1	9	6
G	8	3	1	6	9	5	2	4	7
H	5	2	6	4	7	3	9	8	1
I	7	4	9	8	2	1	6	3	5

（44）

	1	2	3	4	5	6	7	8	9
A	6	4	1	2	3	9	7	5	8
B	8	3	7	4	6	5	1	9	2
C	5	2	9	8	1	7	6	4	3
D	2	8	3	1	7	4	5	6	9
E	1	5	4	6	9	2	8	3	7
F	9	7	6	3	5	8	2	1	4
G	7	6	8	9	4	1	3	2	5
H	4	1	2	5	8	3	9	7	6
I	3	9	5	7	2	6	4	8	1

(45)

	1	2	3	4	5	6	7	8	9
A	5	4	2	6	3	1	9	7	8
B	7	3	8	2	5	9	6	4	1
C	1	9	6	4	7	8	2	5	3
D	3	6	4	7	8	2	1	9	5
E	9	2	5	3	1	4	8	6	7
F	8	1	7	5	9	6	3	2	4
G	4	8	1	9	2	7	5	3	6
H	6	5	9	1	4	3	7	8	2
I	2	7	3	8	6	5	4	1	9

(46)

	1	2	3	4	5	6	7	8	9
A	1	7	5	6	2	4	8	9	3
B	9	6	4	5	8	3	7	1	2
C	3	2	8	9	7	1	4	5	6
D	6	9	3	2	1	7	5	8	4
E	4	8	7	3	9	5	2	6	1
F	2	5	1	4	6	8	3	7	9
G	5	4	6	8	3	9	1	2	7
H	7	3	9	1	5	2	6	4	8
I	8	1	2	7	4	6	9	3	5

(47)

	1	2	3	4	5	6	7	8	9
A	9	8	5	2	7	3	6	1	4
B	6	1	7	4	5	8	9	2	3
C	4	2	3	9	6	1	8	5	7
D	1	5	6	7	4	9	3	8	2
E	7	4	8	1	3	2	5	9	6
F	2	3	9	5	8	6	4	7	1
G	3	9	2	8	1	4	7	6	5
H	5	6	1	3	9	7	2	4	8
I	8	7	4	6	2	5	1	3	9

(48)

	1	2	3	4	5	6	7	8	9
A	6	3	8	1	7	5	4	2	9
B	9	4	7	6	2	8	5	1	3
C	1	2	5	9	3	4	6	8	7
D	5	9	4	2	8	3	7	6	1
E	7	8	3	5	6	1	9	4	2
F	2	6	1	7	4	9	8	3	5
G	3	5	6	8	9	2	1	7	4
H	8	1	2	4	5	7	3	9	6
I	4	7	9	3	1	6	2	5	8

（49）

	1	2	3	4	5	6	7	8	9
A	3	9	6	1	4	7	5	8	2
B	8	7	1	9	2	5	4	6	3
C	4	5	2	3	8	6	1	7	9
D	2	1	5	8	9	4	6	3	7
E	6	4	3	5	7	2	9	1	8
F	7	8	9	6	3	1	2	4	5
G	9	2	4	7	6	8	3	5	1
H	1	3	8	4	5	9	7	2	6
I	5	6	7	2	1	3	8	9	4

（50）

	1	2	3	4	5	6	7	8	9
A	5	7	8	2	1	9	3	4	6
B	1	4	2	3	5	6	7	8	9
C	9	3	6	7	8	4	5	1	2
D	2	8	5	4	9	1	6	7	3
E	6	9	4	8	3	7	1	2	5
F	3	1	7	5	6	2	4	9	8
G	7	6	3	9	4	8	2	5	1
H	8	2	1	6	7	5	9	3	4
I	4	5	9	1	2	3	8	6	7

第 4 章　变种数独

4-1　解开下面的杀手数独谜题。

(15) 6	(22) 7	1	3	9	5	(17) 2	8	4
5	2	9	(39) 4	6	8	3	7	1
3	(28) 4	8	7	1	(32) 2	5	6	9
1	9	7	(20) 5	2	4	8	(19) 3	6
(6) 4	(14) 8	(8) 5	9	3	(16) 6	1	2	7
2	6	3	(9) 1	(22) 8	7	(16) 9	(20) 4	5
(23) 9	1	(6) 2	6	4	3	7	(14) 5	8
8	5	4	2	7	(10) 1	(10) 6	9	3
(10) 7	3	(26) 6	8	5	9	4	(3) 1	2

数独从入门到精通

4-2 解开下列 Mega 数独。

（1）

2	12	7	11	5	3	10	9	8	4	6	1
5	10	6	3	8	2	1	4	12	9	11	7
8	4	9	1	6	12	11	7	5	10	2	3
10	2	8	7	12	9	5	3	6	11	1	4
11	1	3	5	2	4	6	8	10	7	9	12
4	9	12	6	11	10	7	1	2	3	5	8
1	11	4	12	10	5	3	2	7	6	8	9
6	5	10	8	9	7	12	11	4	1	3	2
7	3	2	9	4	1	8	6	11	12	10	5
12	7	11	2	3	8	9	10	1	5	4	6
3	6	1	4	7	11	2	5	9	8	12	10
9	8	5	10	1	6	4	12	3	2	7	11

（2）

3	4	12	9	6	7	11	5	1	2	8	10
6	10	8	5	4	3	1	2	9	11	12	7
7	2	1	11	8	12	9	10	3	4	6	5
4	9	6	1	5	10	2	12	11	7	3	8
8	7	2	12	11	6	3	9	4	10	5	1
11	5	10	3	1	8	4	7	6	12	9	2
9	12	5	6	10	1	7	11	2	8	4	3
1	3	7	10	2	4	6	8	5	9	11	12
2	8	11	4	12	9	5	3	7	1	10	6
5	6	9	8	7	2	12	4	10	3	1	11
10	11	4	2	3	5	8	1	12	6	7	9
12	1	3	7	9	11	10	6	8	5	2	4

（3）

8	6	7	11	14	15	3	1	5	2	16	9	12	13	10	4
10	13	12	16	7	4	11	2	14	15	8	1	3	6	5	9
9	1	14	2	5	10	6	13	4	11	12	3	8	16	7	15
4	3	5	15	8	16	12	9	7	6	13	10	2	1	11	14
3	7	2	6	12	8	16	4	13	1	15	11	10	9	14	5
13	8	1	4	6	3	7	14	10	9	5	16	11	2	15	12
12	11	10	14	9	2	5	15	8	4	7	6	13	3	1	16
15	16	9	5	10	13	1	11	3	12	14	2	6	4	8	7
1	9	6	12	4	11	13	8	15	14	10	7	16	5	2	3
2	4	15	10	1	5	14	16	12	3	11	13	9	7	6	8
16	14	13	7	3	9	15	6	1	8	2	5	4	11	12	10
11	5	8	3	2	7	10	12	9	16	6	4	14	10	13	1
7	2	3	1	11	14	8	5	16	13	9	12	15	10	4	6
14	15	16	9	13	6	4	10	2	7	1	8	5	12	3	11
5	12	11	13	15	1	9	3	6	10	4	14	7	8	16	2
6	10	4	8	16	12	2	7	11	5	3	15	1	14	12	13

4-3 解开下列连续数独。

（1）

	1	2	3	4	5	6	7	8	9
A	3	4	6	5	9	2	1	7	8
B	9	8	7	1	6	3	2	5	4
C	1	5	2	8	7	4	6	3	9
D	7	2	1	3	4	6	8	9	5
E	5	3	8	9	1	7	4	2	6
F	6	9	4	2	5	8	7	1	3
G	8	7	5	6	2	9	3	4	1
H	2	6	9	4	3	1	5	8	7
I	4	1	3	7	8	5	9	6	2

（2）

	1	2	3	4	5	6	7	8	9
A	6	8	4	9	1	7	5	3	2
B	2	3	1	4	5	8	7	6	9
C	9	5	7	6	2	3	4	1	8
D	3	1	8	2	9	4	6	5	7
E	4	9	5	7	3	6	2	8	1
F	7	6	2	5	8	1	3	9	4
G	1	2	6	8	4	5	9	7	3
H	5	4	3	1	7	9	8	2	6
I	8	7	9	3	6	2	1	4	5

4-4 完成数独谜题，并且使得任意两个相邻方块内的数字均不连续。

	1	2	3	4	5	6	7	8	9
A	3	8	5	1	6	4	9	7	2
B	9	2	7	5	3	8	4	1	6
C	1	6	4	7	9	2	8	5	3
D	5	3	8	4	1	6	2	9	7
E	7	9	2	8	5	3	6	4	1
F	4	1	6	2	7	9	3	8	5
G	6	4	1	9	2	7	5	3	8
H	2	7	9	3	8	5	1	6	4
I	8	5	3	6	4	1	7	2	9

4-5 解开下面的不等号数独。

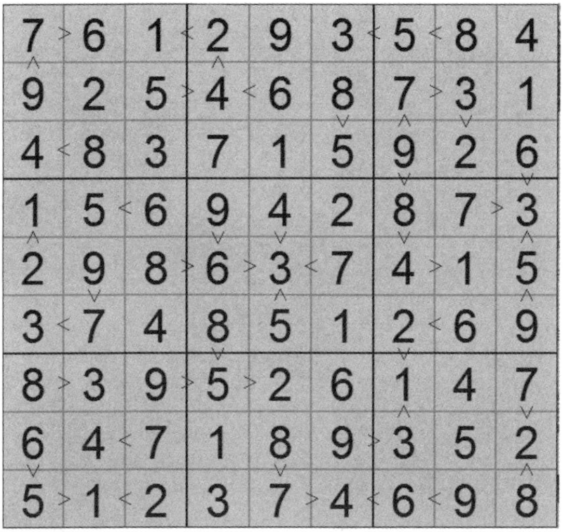

7	6	1	2	9	3	5	8	4
9	2	5	4	6	8	7	3	1
4	8	3	7	1	5	9	2	6
1	5	6	9	4	2	8	7	3
2	9	8	6	3	7	4	1	5
3	7	4	8	5	1	2	6	9
8	3	9	5	2	6	1	4	7
6	4	7	1	8	9	3	5	2
5	1	2	3	7	4	6	9	8

4-6 解开下面的不规则数独。

3	4	1	6	5	7	9	2	8
9	1	6	8	3	2	7	5	4
5	2	7	4	8	3	6	9	1
7	9	5	3	2	4	8	1	6
1	3	8	9	7	6	5	4	2
2	7	3	5	1	8	4	6	9
4	8	2	7	6	9	1	3	5
6	5	4	2	9	1	3	8	7
8	6	9	1	4	5	2	7	3

4-7 解开下面的对角线数独。

	1	2	3	4	5	6	7	8	9
A	1	6	4	9	5	3	8	2	7
B	9	8	5	4	7	2	1	3	6
C	2	3	7	6	1	8	4	5	9
D	6	2	1	5	8	9	3	7	4
E	4	5	3	1	6	7	9	8	2
F	8	7	9	2	3	4	6	1	5
G	3	4	8	7	9	5	2	6	1
H	7	1	2	3	4	6	5	9	8
I	5	9	6	8	2	1	7	4	3

4-8 解开下面的额外区域数独。

	1	2	3	4	5	6	7	8	9
A	7	1	8	5	6	4	9	2	3
B	6	9	2	7	3	8	5	1	4
C	4	3	5	2	1	9	7	6	8
D	8	2	4	9	5	3	1	7	6
E	1	5	3	6	2	7	4	8	9
F	9	7	6	8	4	1	3	5	2
G	5	8	7	3	9	6	2	4	1
H	2	4	9	1	8	5	6	3	7
I	3	6	1	4	7	2	8	9	5

4-9 解开下面的奇偶数独。

	1	2	3	4	5	6	7	8	9
A	6	2	3	5	4	9	8	1	7
B	7	8	5	2	6	1	9	3	4
C	9	4	1	8	7	3	2	6	5
D	1	9	2	4	3	6	7	5	8
E	4	3	7	9	5	8	1	2	6
F	8	5	6	7	1	2	4	9	3
G	5	1	8	3	2	7	6	4	9
H	3	6	9	1	8	4	5	7	2
I	2	7	4	6	9	5	3	8	1

4-10 解开下面的窗口数独。

	1	2	3	4	5	6	7	8	9
A	5	3	2	9	4	7	1	8	6
B	4	1	6	5	3	8	7	9	2
C	8	7	9	2	6	1	4	3	5
D	7	8	3	4	9	6	5	2	1
E	9	5	1	7	2	3	6	4	8
F	2	6	4	8	1	5	3	7	9
G	6	9	7	3	5	2	8	1	4
H	3	2	5	1	8	4	9	6	7
I	1	4	8	6	7	9	2	5	3

4-11 解开下面的无马数独。

	1	2	3	4	5	6	7	8	9
A	3	8	2	4	6	1	5	7	9
B	4	6	5	9	7	2	3	8	1
C	9	7	1	5	8	3	6	4	2
D	2	1	7	6	5	8	4	9	3
E	8	5	3	2	9	4	7	1	6
F	6	9	4	3	1	7	2	5	8
G	7	4	8	1	3	6	9	2	5
H	5	2	6	8	4	9	1	3	7
I	1	3	9	7	2	5	8	6	4

4-12　解开正文中给出的 Multi 数独。

（1）双连体，如下图所示。

9	2	1	5	8	4	3	7	6			
7	3	4	9	2	6	1	8	5			
6	8	5	3	7	1	2	9	4			
4	1	3	7	5	2	9	6	8	3	4	1
8	9	6	4	1	3	5	2	7	9	8	6
5	7	2	8	6	9	4	3	1	5	2	7
1	6	9	2	4	8	7	5	3	6	1	9
3	4	7	6	9	5	8	1	2	7	3	4
2	5	8	1	3	7	6	4	9	8	5	2
			9	2	6	3	8	4	1	7	5
			5	8	1	2	7	6	4	9	3
			3	7	4	1	9	5	2	6	8

（2）三连体，如下图所示。

3	1	9	8	2	6	5	4	7						
6	8	5	4	7	1	3	9	2						
2	4	7	9	5	3	8	6	1						
9	6	8	1	3	2	4	7	5	9	6	8			
5	3	1	7	4	9	6	2	8	1	5	3			
7	2	4	6	8	5	9	1	3	4	7	2			
4	7	3	2	6	8	1	5	9	7	3	4	2	8	6
8	9	6	5	1	7	2	3	4	6	8	9	5	1	7
1	5	2	3	9	4	7	8	6	2	1	5	9	3	4
			4	2	3	5	6	1	8	9	7	4	2	3
			8	7	1	3	9	2	5	4	6	1	7	8
			9	5	6	8	4	7	3	2	1	6	5	9
						6	2	5	4	7	3	8	9	1
						9	7	8	1	6	2	3	4	5
						4	1	3	9	5	8	7	6	2

（3）四连体，如下图所示。

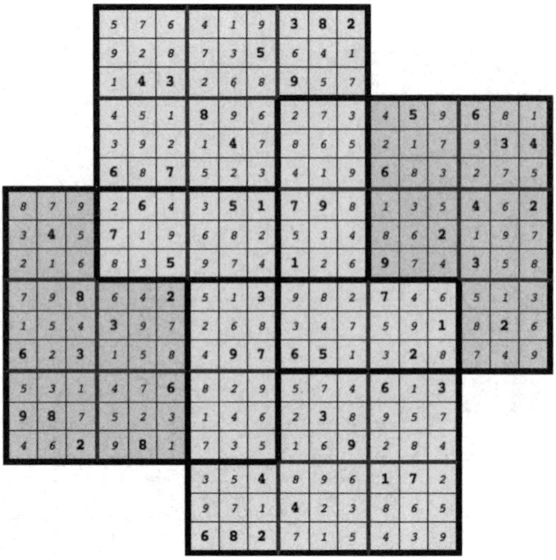

（4）五连体，如下图所示。

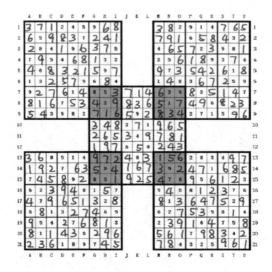